U0507926

体育舞蹈教学理论与实践研究

李　雪◎著

吉林出版集团股份有限公司

全国百佳图书出版单位

图书在版编目（CIP）数据

体育舞蹈教学理论与实践研究 / 李雪著 . -- 长春：
吉林出版集团股份有限公司 , 2023.3

ISBN 978-7-5731-3113-3

Ⅰ . ①体… Ⅱ . ①李… Ⅲ . ①体育舞蹈—教学研究—
高等学校 Ⅳ . ① G831.32

中国国家版本馆 CIP 数据核字 (2023) 第 051163 号

体育舞蹈教学理论与实践研究
TIYU WUDAO JIAOXUE LILUN YU SHIJIAN YANJIU

著　　者　李　雪
责任编辑　息　望
封面设计　李　伟
开　　本　710mm×1000mm　　　1/16
字　　数　205 千
印　　张　12
版　　次　2023 年 3 月第 1 版
印　　次　2023 年 3 月第 1 次印刷
印　　刷　天津和萱印刷有限公司

出　　版　吉林出版集团股份有限公司
发　　行　吉林出版集团股份有限公司
地　　址　吉林省长春市福祉大路 5788 号
邮　　编　130000
电　　话　0431-81629968
邮　　箱　11915286@qq.com
书　　号　ISBN 978-7-5731-3113-3
定　　价　72.00 元

作者简介

李雪

性别：女
毕业院校：山东体育学院
专业：体育教学
学历：研究生
现工作单位：山东体育学院
职称：讲师
研究方向：体育舞蹈
成果：期刊4篇，教育部课题1项，专利2项。

前　言

体育舞蹈作为一种时尚类体育运动，具有非常显著的健身性和艺术性特点。除此之外，其也是竞技体育的组成部分之一。正是源于体育舞蹈运动的众多特点，使得其在世界范围内都受到普遍欢迎。在我国，体育舞蹈的开展更偏重于健身娱乐属性，由此成为人们在业余生活中的一种理想的放松休闲方式。参加体育舞蹈运动可以给人的身心带来双重的良好体验，这对于培养人们积极乐观的生活心态和养成良好的健身习惯都有较大益处。通过对我国近些年来体育舞蹈运动开展情况的分析可知，许多爱好者在通过这种运动形式获得身心愉悦之后，便想往更高技艺层次上"晋升"，甚至还想向更高水平进发；另外，随着我国社会的发展，众多官方或民间组织的体育舞蹈比赛不断增多，人们为了获得理想的成绩，也期待自身的体育舞蹈技术水平得到全面进步。

随着我国"终身体育"和"健康第一"教育思想的广泛传播，高校体育课程也在进行变革，传统的体育活动项目已不能充分满足学生的需求，需要更多新的体育活动形式来丰富学生的业余文化生活，体育舞蹈也顺其自然地成为学生所热衷的一项运动。体育舞蹈不仅能促进学生身体的均衡发展，更能净化学生的心灵，培养行为美，提高学生的审美能力，与人们追求的人体健与美的时代精神相契合。

本书内容共包含五章，第一章为体育舞蹈概述，分别介绍了体育舞蹈起源与发展、体育舞蹈功能与艺术特点和体育舞蹈基础知识三部分内容；第二章为体育舞蹈教学理论，分别介绍了体育舞蹈教学研究基础、体育舞蹈基础技能教学、体育舞蹈形体与体能训练和体育舞蹈编排四部分内容；第三章为高校体育舞蹈教学研究，分别介绍了高校体育舞蹈课程教学原理，高校体育舞蹈课程教学目标、原则与方法，高校体育舞蹈课程教学课类型和高校体育舞蹈课程设置现状与对策四部分内容；第四章为体育舞蹈竞赛与组织，分别介绍了体育舞蹈竞赛形式与特点、体育舞蹈竞赛裁判两部分内容；第五章为体育舞蹈教学实践，分别介绍了拉丁舞教学指导和摩登舞教学指导两部分内容。

在撰写本书的过程中，作者得到了许多专家学者的帮助和指导，参考了大量的学术文献，在此表示真诚的感谢！本书内容系统全面，论述条理清晰、深入浅出。限于作者水平有限，加之时间仓促，本书难免存在一些疏漏，在此，恳请同行专家和读者朋友批评指正！

目　录

第一章　体育舞蹈概述

本章讲述的是体育舞蹈概述，主要是从三个方面进行具体论述，分别为体育舞蹈起源与发展、体育舞蹈功能与艺术特点和体育舞蹈基础知识。

第一节　体育舞蹈起源与发展

一、关于舞蹈起源的主要学说

舞蹈是八大艺术门类之一，是于三度空间中以身体为语言做"心智交流"现象之人体的运动表达艺术，一般有音乐伴奏，以有节奏的动作为主要表现手段的艺术形式。根据艺术史学家的考证，人类最早产生的艺术就是舞蹈。在远古时期，语言尚未产生以前，人们就用动作、姿态和表情来传达各种信息和进行情感、思想的交流。

在我国古代和古希腊的神话传说中说，人类是从天帝那里学来的舞蹈，或是人类受到掌管舞蹈的女神的启发才创造出舞蹈。古代的先民，对神和人的概念的理解处于混沌状态，那时的人往往把一些具有不凡才能的人、超出一般人的智慧和力量的人，或是对于本族群做出突出贡献的人，都看成神的化身，或是能通神的人。众所周知，各种各样的神都是人以自己的形象为基础，经过想象而创造出来的。如果说是神创造了舞蹈，而神又是人造，那么，归根结底也就是人创造了舞蹈。那么，人又是如何创造舞蹈的呢？目前学界主要有以下学说：

（一）模仿说

有的学者认为，人有模仿的本能，舞蹈是人用有节奏的动作对各种野兽的动作和习性的模仿。这个关于艺术起源的最古老的理论，源于古希腊哲学家德谟克利特、柏拉图、亚里士多德等的理论。他们认为文艺起源于人对自然物的模仿，模仿是人的天性和本能，只是由于模仿的对象不同，所用的媒介不同，从而产生不同的艺术种类，舞蹈的目的就应该是通过有节奏的动作模仿性格、感情和行为。总结起来说，在他们认为，舞蹈就是借助特定的形体语言按照一定的节奏模仿动物、植物或人的性格、感情等的艺术形式。

公元前 6 世纪，古希腊哲学家亚里士多德在他的《诗学》中说，人从孩提时代，就有模仿的本能，人们最初的知识是从模仿中得来的，而且由于模仿的对象、表现方式方法的不同，才形成不同的艺术门类。公元前 3 世纪的《吕氏春秋·古乐篇》中记载："帝尧立，乃命质为乐。质乃效山林溪谷之音以歌，乃以麋鞈置缶而鼓之，乃拊石击石，以象上帝玉磬之音，以致舞百兽。"帝尧命令叫作质的人作"乐"（古代的乐包括音乐和舞蹈），质仿效山林和溪谷等自然界的声音作歌，又让人们击打石器伴奏，模仿百兽的样子跳舞。

一些民族的传说故事也可以为"模仿说"做出佐证。居住在云南山区的景颇族，流传着舞蹈是从"空朗鸟"那里学来的传说：在很久很久之前，"空朗鸟"应邀参加了太阳神举行的盛大舞会，并在那里学会了"木脑舞"。当它们回来飞过人居住的果林时，看到熟透的累累果实非常高兴，于是就飞了下来，在果林中跳起热情优美的"木脑舞"。人们学会了这种舞蹈后，就一代一代地传承下来。至今，跳"木脑纵歌"（木脑舞）时，走在最前面的几个人（过去是巫师），必须穿上特制的传统服装，头戴镶着空朗鸟嘴、插着羽毛的帽子，以此来纪念祖先从鸟禽那儿学会的舞蹈。在原始社会极其恶劣和艰苦的自然环境中，对原始群体来说，只有依靠集体的力量才能获得猎物，保证群体的生存。因此，从儿童到成年都要通过模仿学会狩猎。《吕氏春秋》所载的人们模仿百兽跳舞中的百兽，许多是原始氏族图腾崇拜的对象。模仿它们跳舞，是为了求得与本氏族有血缘关系的自然物——动植物（图腾）的保护，从而获得更多猎物。从太阳神、空朗鸟那里学来舞蹈的本身，也带有图腾崇拜的含义。

现代的一些舞蹈动作也有明显的对自然界的模仿，这种模仿不局限于跟人类生命特征接近的哺乳动物，一些植物和无生命力的自然景观也可以被模仿。例如，安徽民间舞蹈"花鼓灯"的"风摆柳"，正是受到春风拂柳这一意境的启发才形成女性体态动作的；而男子名为"燕子三抄水"的技巧动作，则是从飞燕忽高忽低掠过水面的动作中得到启发后创作的。在中国大地上广为流传的狮舞、龙舞、孔雀舞，带有流水、花卉、山川等大型创意舞蹈、舞剧，更是将模仿做到了令人赞叹的地步。

（二）游戏说

也有学者认为，在艺术的起源中，最为关键的因素是"游戏的冲动"。游戏说是由18世纪时的德国诗人、文艺理论家席勒依据康德所说的"艺术像游戏一样，都是'自由的'活动"而提出来的。他认为在艺术起源中，模仿虽然重要，但并非艺术的真正起源，艺术的根本起因是"游戏的冲动"，"以假象为快乐的游戏冲动一发生，模仿的创作冲动就紧跟而来，这种冲动把假象当作某种独立自主的东西"。他还认为，游戏是自由的人性的表现，游戏也是人类最终脱离动物界的标志，在游戏中人的天性得到充分的发挥和满足，只有当人是完全意义上的人，他才游戏；只有当人游戏时，他才完全是人。这里的游戏，是指人的审美需求，即以假象为快乐。如人模仿动物的舞蹈，就是通过这种假象的游戏来获得快乐并宣泄自己的情感。游戏说的另一个代表人物是英国哲学家斯宾塞，他同样认可康德"艺术源于游戏"的理论，并加以发挥和倡导。

席勒在《美育书简》中，通过对游戏和审美自由之间关系的比较研究，首先提出了艺术起源于游戏的观点，认为艺术是一种以创造形式外观为目的的审美自由的游戏。"自由"是艺术活动的精髓，它不受任何功利目的的限制，人们只有在一种精神游戏中才能彻底摆脱实用和功利的束缚，从而获得真正的自由。游戏说还认为，人的审美活动和游戏一样，是一种过剩精力的使用，剩余精力是人们进行艺术这种游戏的动力。他在书中用狮子狂吼、鸟雀鸣叫、昆虫飞舞的例子来说明游戏是洋溢着的"生命力的驱使"，是"过剩精力的流露"。人是高等动物，他不需要以全部精力去从事维持和延续生命的物质活动，因此有过剩的精力，这些过剩精力体现在自由的模仿活动中，这就有了游戏与艺术活动。斯宾塞和席勒一样，也认为游戏是过剩精力的发泄，它虽然没有什么直接的实用价值，但有助于游戏者的器官练习，因而它具有生物学意义，有益于个体和整个民族的生存。

游戏说强调了游戏冲动、审美自由与人性完善间的重要联系，对于理解艺术在审美方面的发生具有重要价值。它揭示了艺术发生的生物学和心理学方面的某些必要条件，如剩余精力是艺术活动的重要条件，艺术的娱乐性和审美性等，揭示了精神上的自由是艺术创造的核心，对理解艺术的本质是富于启发的。

（三）情感说

情感说是与性爱说相对的学说，也有学者认为舞蹈不只是表现人的情爱。各种激越的情感、生活中有重大意义的活动，都会用舞蹈来表现。有学者在谈到舞蹈的本质时指出，取材于无生物的造型艺术对高级民族所发生的意义至少可以在低级部落间辨认出它的萌芽状态来，至于那活的造型艺术——舞蹈，曾经所具备的伟大的社会势力，则实在是我们现在难以想象的。情感说强调情感表现在舞蹈中的重要意义。《现代汉语词典》中把舞蹈解释为"以有节奏的动作为主要表现手段的艺术形式，可以表现出人的生活、思想和感情，一般用音乐伴奏"。《诗经·大序》中有这样一句话："情动於中，而形於言。言之不足，故嗟叹之。嗟叹之不足，故咏歌之。咏歌之不足，不知手之舞之，足之蹈之也。"意思是当人的内心产生感情时，就会用语言将其表达出来。可是，当语言无法表达时，就会用感叹来表达。当感叹无法表达内心的感情时，便会用歌唱来表达。若当歌唱也无法表达内心的情感时，便会不知不觉地手舞足蹈。可见，舞蹈是表现人的情感最直接、最形象的方式，也是一种最能充分表现人情感的方式。这段话生动地说明了舞蹈是表现人们最激动的情感的产物。舞蹈能将个人与集体的情感宣泄出来，使人以平和的心境投入生产实践，促进部落或族群的稳定。情感宣泄只能以纯生理身体为基础，借助舞蹈者肌肉、动作强度、动作频率和身体着装等内外因素，构筑的虚幻而传达出令人沉醉的舞蹈境界。在力的世界中，部落或族群的全体成员可以自由地与神对话、表达对神的祈求，并且获得观念性改造外在世界的力量，是原始蒙昧期人的本质力量的显现。

（四）劳动说

很多学者主张舞蹈起源于劳动的理论。恩格斯说："劳动创造了人本身。"[①] 在从猿到现代人千百万年人类进化的过程中，劳动起着决定性的作用。一方面，劳动使古猿直立行走，使人能制造工具，从此显示出人与动物的根本区别，使人脱离了动物界，创造了人类社会，创造了艺术赖以产生的物质基础；另一方面，劳动同时增强了人脑的功能，使人产生自我意识，培育出了舞蹈艺术的物质载体——人的灵活自如的、健美的、有着丰富表情功能的形体，使人能够用形体表现自己，表现对周围事物的感受，从而加速了人类文明的进程，出现了原始舞蹈的萌芽。因此说，舞蹈起源于劳动。这一学说始于 19 世纪德国心理学家威廉·冯特，后又在 19 世纪末 20 世纪初被俄国马克思主义理论家和政治家普列汉诺夫推广和发展。

普列汉诺夫在他的《论艺术》一书中曾引用了"野牛舞"的例子加以说明。他记述了这样的事情：当人们很久捕不到野牛面临饿死危险的时候，就要跳"野牛舞"，一直跳到野牛出现。这种跳舞可以引来野牛的做法，虽然是巫术观念的反映，但跳舞的最终目的是捕获野牛（劳动），得到食物，以保障基本的生存需求。劳动是跳舞的动机，巫术只是增强了引来野牛的信念。劳动才是第一位的因素。在中国古文献中，也有许多关于艺术起源于劳动的记载。例如《尚书·益稷篇》中有"击石拊石，百兽率舞"的描述。其中作为伴奏乐器的"石"，是从劳动中的石器发展而来的，跳舞时模仿的野兽的形象，则是狩猎中观察的结果和艺术升华，乐与舞最初都源于劳动生活。

劳动说认为舞蹈的起源是随着人类生产劳动而产生的，还有一个重要原因，就是舞蹈的动作和节奏与劳动是密切相关的。不管是哪一种劳动，人的手脚总是要活动的，手用以拍打，脚用以踩踏，在某种动作连续重复的过程中，就产生有规律的节奏，再伴以呼喊或打击石块和木棍，最原始的舞蹈就出现了。

在我国一些原始舞蹈的现代遗存中也有许多有关狩猎和种植生活内容的舞蹈动作。如鄂温克族的"跳虎"、鄂伦春族的"黑熊搏斗舞"等就是人模拟虎、熊

---

① 王立柱，张伟主.自然辩证法 [M].天津：天津人民出版社，2012.

的舞蹈，这些舞蹈动作是在他们狩猎生活中产生出来的。达斡尔族歌舞《达奥》就生动地描绘了一个英武的猎手，骑上枣红色骏马，带着洁白的猎犬，飞似的追逐野兽，终于获得了猎物，欢欢喜喜回家的情景。这些史料和舞蹈的留存极为有力地证明了舞蹈劳动起源说，但它并不能解释所有舞蹈的起源，例如人与人之间交流情感的舞蹈，具有一定游戏性质的娱乐舞蹈等。

劳动说是我国许多舞蹈史论工作者所共同赞同的理论。在我国原始人的一些洞窟壁画中有很多表现他们狩猎生活的舞蹈场面；在原始舞蹈的现代遗存中有许多反映狩猎和种植生活内容的舞蹈，都可以使人们看到舞蹈起源于劳动。如西班牙东海岸克鲁库地方的洞画，有女性参加的狩猎舞的画面。画中的女猎人，腰部以上肌肉紧张，十分传神。1932 年，德国福罗贝纽斯教授在北非费耶赞地方发现的岩画，大约是公元前三万年的遗迹。这幅画展现的是一群人扑击猎物的狩猎舞蹈，给人以更为深刻的印象。

另外，一些原始民族所跳的舞蹈也往往是他们狩猎生活的再现。如西非土人在出猎大猩猩时，会先让一个人装扮成大猩猩，表演它被猎人杀死的情形。北美洲达科太人在出猎熊前，也会跳猎熊之舞。其中一人披着熊皮，戴着熊头，装扮成熊，最后被猎人驯服。西坷人跳狩猎舞蹈则会把全族人分为两部分，一部分人饰演水牛，以佩戴水牛的皮角为标记，另一部分人饰演猎人，佯作将整群牛包围杀掉。而在一些从事农业劳动的原始民族那里，他们所跳的舞蹈则与他们的劳动生产有着密切的联系。如马里亚人有一种马铃薯舞。初生的作物容易被东风损伤，所以女人们便到田地里去跳舞，她们用身体做出风雨吹打的情形和马铃薯开花、生长的姿态；她们把农作物欣欣向荣生长的希望通过舞蹈表现出来。

二、体育舞蹈的起源与发展

（一）体育舞蹈的诞生

体育舞蹈是一门融体育、音乐、美学、舞蹈为一体，以形体动作舞蹈化为基本内容，以双人或集体配合练习为主要运动形式的娱乐健身型的运动项目。它兼顾了体育活动的物质性追求和舞蹈活动的情感性表达，是人类艺术世界中最出色的一份子。它的出现最早可以追溯到 11 世纪的欧洲，而其前身就近来说则是社交舞，也称交际舞、交谊舞。

在原始社会的氏族部落，跳舞是一种普遍性的活动，人们常常用动作或舞蹈来表达和抒发自身的各种感情，如氏族部落为了庆祝丰收，或是为了祈求雨水和阳光而舞蹈。他们身躯着色，在篝火的衬托下，穿着精心制作的草裙，利用能够激发情趣的节奏来刺激舞蹈者的感受。原始社会的这些舞蹈不仅满足了人们当时的社会生活和身心发展需要，更重要的是在它的基础上产生了今天的体育舞蹈。

伴随着人类文明的发展和思想上的巨大进步，跳舞成为社会娱乐和社交礼节的手段之一。犹如语言和服装一样，舞蹈开始反映生活方式的变化并成为文化遗产。从古希腊的文明到中世纪的欧洲，民间舞蹈文化随着社会的变革，逐渐产生了分化：以宫廷舞为代表的贵族文化和以民间舞为代表的大众文化。

12 世纪，在以宫廷文化为中心的封建王朝时期，欧洲的封建贵族们在注重形体保养的同时，也逐渐地把形体的重要性与精神艺术上的重要性等同起来，他们汲取了民间舞蹈的精华并加以规范，形成了在宫中流行的宫廷舞，使舞蹈变成一种贵族阶层的活动。当时的宫廷舞不仅强调舞步，而且也要求一些新的技能。宫廷舞蹈高雅繁杂、拘谨做作，加上礼节的约束，使得宫廷舞蹈的风格与民间舞蹈自由活泼的风格完全不同。宫廷舞蹈只在宫廷盛行，专供贵族们习跳和欣赏，并包含了彼此间的寒暄和见面礼。这就是体育舞蹈的开端。

宫廷舞经过几个世纪的变迁，到了文艺复兴时期，舞蹈形式出现了一些变化，如八人四队的集体对舞形式，舞步增加了一些以"起步"和"跳跳步"为主的步法。这一时期，尤为著名的是欢快活泼的加伏舞和稳重大方的双人舞、小步舞。而在许多国家的农民中间则流行跳一些简单的舞蹈，如俄国的哥萨克舞、意大利的塔兰台拉舞、爱尔兰的快步舞、西班牙的吉卜赛舞等。

18 世纪下半叶，随着法国大革命的到来，宫廷解体，资产阶级在欧洲一些国家纷纷登上历史舞台，宫廷舞也因此销声匿迹。而在以都市文化为中心的资本主义时期，宫廷舞则又重新回到了民众中间，并与民间舞兼收并蓄。民间舞在保持轻松活泼、欢快娱乐的基础上，融合了宫廷舞庄重典雅、严谨规范的舞蹈风格，使之成为休闲假日和大众舞厅中人人可舞的体育舞蹈。体育舞蹈从此盛行于都市社会。

19世纪初，探戈舞在阿根廷和乌拉圭兴盛一时，阿根廷人把西班牙哈巴涅拉舞和包利罗舞的某些动作融入探戈舞中，使探戈舞广为流传。这一时期，体育舞蹈出现了具有多种多姿多彩步法的舞蹈形式，如"玛苏卡""休提士""华尔兹"，其中"华尔兹"在欧美最为流行。

华尔兹舞原是流行于奥地利北部的一种叫作兰德的农民舞，17世纪流行于维也纳宫廷，后经过音乐家韦伯、舒伯特与小提琴家兰纳尔的运用与发展，终于形成了大众喜爱的风格。这中间对完善和宣传华尔兹起最大作用的是音乐，特别是施特劳斯曾将奥地利音乐与德国音乐融合在一起，从而让华尔兹具有了旋律流畅、格调高雅、舞姿活泼、节奏明快的艺术特点。

19世纪末，正当华尔兹舞方兴未艾之际，一种糅合了三拍舞步和两拍舞步的狐步舞雏形应运而生。受到狐步舞的影响，原有的华尔兹舞步亦不断地被丰富完善，并形成了快速和慢速两种风格（维也纳华尔兹和波士顿华尔兹）。这一时期，原来流行于欧洲的体育舞蹈也被传到美国。同时，来自非洲、拉丁美洲的大量移民也带来了具有强烈民族特点的热带地区风格的民间舞。高雅华贵、颇具绅士风度的欧洲式体育舞蹈和形式自由奔放的拉丁美洲式体育舞蹈在这片热土上竞相斗艳，备受各阶层人士推崇。

从20世纪起，古典的体育舞蹈又随着艺术发展涌现出了很多现代舞流派，如源于非洲的美国黑人爵士舞，曾一度掀起狂热，给正规而纪律性强的英国舞厅以巨大冲击。同时，随着舞蹈造型、舞蹈语言的生动化和舞蹈艺术的广泛传播，阿根廷的探戈、古巴的伦巴、巴西的桑巴等舞蹈，也在舞厅中各呈异彩。至此，体育舞蹈的发展在许多国家都已形成规模，且各具特色。譬如美国国内流行狐步舞，奥地利、德国盛行维也纳华尔兹，阿根廷、西班牙则以探戈舞著称，拉丁舞则流行于美洲。尽管如此，这些早期的体育舞蹈并没有得到国际统一。

1924年，英国皇家舞蹈协会的专业教师协会，受保守、正规的传统思想影响，为了匡正国内舞厅的混乱状况，使各国各自见长的体育舞蹈拥有统一的规范，便在政府的支持下，汇集了本国及国际体育舞蹈专家，本着扬长避短的宗旨，将各国知名的体育舞蹈的舞步和舞姿加以整理，使之系统化、规范化，共同审定了 7 种舞的基本步法规范并公诸于世，这就是国际公认的体育舞蹈（现在称为老国标舞）。它们是：布鲁斯（Blues）、慢华尔兹（Slow Waltz）、快华尔兹（Quick Waltz）、快步舞（Quick Step）、狐步舞（Foxtrot）、伦巴（Rumba）、探戈（Tango）。

体育舞蹈自此以其超凡脱俗的艺术魅力成为舞苑奇葩。

（二）体育舞蹈的演变

大体上来说，体育舞蹈经历了原始舞蹈、公众舞、民间舞、宫廷舞、社交舞、新旧国际标准交际舞等发展阶段。

熟悉体育舞蹈发展历史的人都知道国际标准的制定与实施对现代体育舞蹈的完善起到了无可比拟的促进作用，它不仅在国际上形成了统一的舞步规范标准，更重要的是使各国艺术家们相互交流、共同探讨和提高技艺有章可循，为国际比赛的开展提供了前提条件和评判依据。从 20 世纪 20 年代至今，经过许多艺术家们不懈的努力和英国皇家舞蹈教师协会对教材不断的评审与更新，高度文明典雅的体育舞蹈宛若一颗璀璨的明珠镶嵌到世界舞坛，逐步走向艺术的高峰。

20 世纪 30 年代，英国的维克多·席维斯特开创了标准的英国式体育舞蹈，他赋予慢华尔兹、快步舞、狐步舞和探戈四大类舞蹈以新的生命。其中，不并步的长线条、滑行流利的狐步舞令人耳目一新，被举世公认为现代体育舞蹈的最高成就，为上层社会人士所赞赏。

西班牙著名的体育舞蹈专家皮埃尔与多丽丝·拉维尔共同在伦敦执教，介绍并表演了古巴的伦巴，这位造诣非凡的舞蹈大师，用充满激情的音乐和舞步，以其丰富的情感，很好地再现了拉丁美洲舞蹈鲜明的风格，像一股热风吹拂着众多的体育舞蹈爱好者。

美国百老汇久负盛名的舞蹈明星弗雷德·阿斯泰尔在电影《飞向里约热内卢》中，成功地表演了巴西的桑巴舞，从此这种优美动人的巴西民间舞蹈便深入人心、广为流传。

伴随着体育舞蹈艺术的广泛传播，与此相适应的，体育舞蹈相关的比赛规模也在不断地扩大，项目被不断地丰富和完善。体育舞蹈比赛开始于 1925 年的英国，每年 5 月的最后一周，在英国的黑池，由权威组织——英国皇家舞蹈教师协会主办的一年一度的世界性舞蹈比赛就在这里举行。黑池比赛代表着世界上体育舞蹈的最高水平，引得众多的一流选手前往一展风采，同时更吸引了大量的舞蹈爱好者竞相前往。每届比赛，都不同程度地给舞蹈花样和音乐节奏带来一些创新和变化，使选手的舞蹈技艺日益演进。

黑池比赛最初只限英国本土选手参赛，后来扩大到英联邦国家，所以又称全英锦标赛。1947年，这一赛事扩大到整个欧洲大陆。1950年，舞会舞蹈国际委员会（或称国际交际舞协会）宣布成立。1959年，黑池比赛成为世界性比赛。1960年，拉丁舞以其特殊的韵味和风范正式在世界赛场上呈现出奇光异彩。至此，体育舞蹈形成了现代舞和拉丁舞两大项，十个舞种。它们分别是：

现代舞（Modern）：华尔兹（Waltz），狐步舞（Foxtrot）、快步舞（Quick Step）、探戈（Tango）、维也纳华尔兹（Viennese Waltz）。

拉丁舞（Latin）：伦巴（Rumba）、桑巴（Samba）、恰恰恰（Cha-Cha-Cha）、斗牛舞（Paso Doble）、牛仔舞（Jive）。

1964年，在国际赛场上，又增加了八人四队一起共舞的集体舞形式，这项新的表演及比赛项目，是在双人舞技巧不断提高和艺术化的基础上，以和谐的配合、出神入化的队形变化，使体育舞蹈十个舞种的舞姿和音乐特色得到了更为鲜明的体现，自此，现代舞、拉丁舞、集体舞三项崭新的舞蹈就被称为"现代国际体育舞蹈"。

在体育舞蹈的世界舞坛上，英国、丹麦、挪威、德国、加拿大、澳大利亚等国一直处于领先地位，这些国家拥有悠久的体育舞蹈传统和完善的组织管理措施，加上各种比赛为新生选手的脱颖而出创造了有利的条件，在英国设有从县级到国家级三至四个级别的比赛组织，负责业余和专业的双轨制比赛活动。另外，电视台为了配合宣传，每年冬季每周都播放体育舞蹈示范或比赛。在德国、英国、澳大利亚等国家，由各类舞蹈学校开设的体育舞蹈进修班数不胜数，他们既辅导成人进修，也注重对少儿的培养，从小让孩子们接受音乐、舞蹈的熏陶，开展形体、内在素质、舞蹈技能和艺术表现力等多方面的训练，为其今后的发展打下了稳固的基础。1993年，在中国体育舞蹈邀请赛上，一位来自澳大利亚的16岁少年选手，以其扎实的功底和出色的表演给中国观众留下了深刻的印象。这些系统性的方法，也使得英国选手在国际赛场上十分引人注目，他们拥有像麦克尔·皮·帕、史蒂芬·希利尔、马克斯·艾伦和约翰·芭芭拉等世界级选手，独领风骚几十年，为大不列颠争得无数的荣誉。

亚洲国家开展体育舞蹈活动与欧美相比，起步较晚。近十几年来，随着各国政府的逐步重视和支持，国际交往日益增多，水平正突飞猛进，具有代表性的是日本、新加坡、韩国、中国香港和中国台湾。他们除聘请世界职业舞蹈明星和英国皇家舞蹈教师协会的教师进行表演教学外，还分别选派优秀选手赴英国、澳大利亚、加拿大等国留学，专修现代体育舞蹈，同时，派遣优秀选手参加一些跨国、跨地区的比赛，让他们从赛场上得到锻炼与提高。由于措施得力、功效显著，特别是日本，在大型国际比赛中已有选手进入了前六名，步入了世界先进国家的行列。

体育舞蹈发展到今天，已成为风靡世界的体育运动项目。其独特的锻炼形式、丰富的文化内涵和愉悦身心的良好效果，吸引着越来越多的人参与，促进了不同国家、地区、民族之间的文化交流，增进了各国人民的友谊。1992 年，体育舞蹈被奥运会列入表演项目，世界上许多国家纷纷把它作为奥运战略来考虑，成立了由 79 个国家和地区参加的国际体育舞蹈联合会。可以预见，在五环旗下，体育舞蹈流畅的节奏、综合的视听美感，将会促进奥林匹克精神发扬光大。

（三）世界体育舞蹈历史年记

1768 年，巴黎开办了历史上第一家交际舞厅，交谊舞在欧洲社会中逐渐盛行。

第二次世界大战后，体育舞蹈传播到美国，并形成一股跳舞热潮，被称为美国学派的社交舞。

1924 年，欧美舞蹈界人士在广泛研究传统宫廷舞、交谊舞及拉美国家的各式舞，并对其进行美化与加工的基础上，于 1925 年正式确定了华尔兹、探戈、狐步、快步四种舞的步伐，该四种舞也被总称为摩登舞。

1950 年，英国世界舞蹈组织 ICBD 主办了首届世界性舞蹈大赛"黑池舞蹈节"，并把规范后的舞蹈命名为国际标准交谊舞，以后的每年 5 月底，在英国的黑池都会举办一届世界性的大赛。国际标准舞在世界范围内不断推广的同时，自身也得到了发展，在其中又增加了维也纳华尔兹。

1960 年，非洲和拉美一些国家的民间舞经过规范和加工后，为体育舞蹈注入了拉丁舞的新生命力。

1995 年 4 月，国际奥委会给予交谊舞（体育舞蹈）以准承认资格。奥委会的认可，为体育舞蹈开辟了广阔的天地，大大提高了体育舞蹈的发展水平。

1997 年 9 月 4 日，拥有 74 个会员国的"国际体育舞蹈总会"正式成为国际奥林匹克委员会会员。

2000 年，体育舞蹈成为悉尼奥运会表演项目。

三、体育舞蹈在我国的发展

体育舞蹈自诞生之日起，曾先后通过中西方外事交往、商贸往来和留洋归国人员等多种渠道传入我国，并在我国以交谊舞的名字为大众所熟知。交谊舞率先进入上海市，经过近代至现代的一百多年的发展历程，在中国广泛传播开来。

回顾体育舞蹈在我国的发展历程，我们可以将其大致分为以下几个阶段。

（一）第一阶段——引进模仿

严格来说，我国体育舞蹈的开展应该从 20 世纪三四十年代算起。20 世纪 20 年代，许多知识分子留学归国，交谊舞率先进入上海市。随后在新思潮的推动下，逐渐从租界扩展到都市娱乐圈，多在上流社会作为交际娱乐手段。据《申报》记载，20 世纪初在上海、天津等城市，有人专门传授欧美交际舞，并通过报界大力宣传跳舞有益身心健康。20 世纪 30 年代后，交谊舞（体育舞蹈）在上海、南京、重庆、武汉、天津、广州等大城市和通商口岸的高级舞厅中颇为盛行。在延安，1937 年至 1942 年交谊舞开始流行，当时留学海外的共产党人带回了交谊舞的知识，同时外宾到达延安也带来了交谊舞，使国人最早接触了"体育舞蹈"。新中国成立后，大量的苏联文艺人才来到中国，同时，中国的文艺骨干也远赴苏联演出交流，体育舞蹈频繁地出现在社交场合，这就强化了"体育舞蹈"在中国的发展。在当时，交谊舞在很短的时间里，由上而下，迅速成为人民群众喜闻乐见的娱乐活动形式。但后来交谊舞历经曲折缓慢的传播岁月，在竞技和艺术上没有获得更快的发展，逐渐成为自娱性的普通交谊舞。

（二）第二阶段——波浪发展

20 世纪 50 年代，随着我国与东欧国家关系的进一步交好，各个城市跳"交谊舞"的氛围更是浓烈，从而为体育舞蹈的发展奠定了良好的群众基础。然而，20 世纪 50 年代后期，舞会的数量、规模日益下滑，交谊舞的发展陷入困境。

体育舞蹈在我国的发展初期，先是快速辉煌，接着是快速没落。从 20 世纪 30 年代到 20 世纪 70 年代中期，整体上可视为我国现代体育舞蹈的初级阶段，有萌芽、有发展，也有挫折。

（三）第三阶段——恢复发展

党的十一届三中全会以后，改革开放的春风使得交谊舞重新"复活"，并被注入新的生机。1979 年 2 月，在人民大会堂举办春节联欢晚会之后，交谊舞的浪潮奔流不息，交谊舞的足迹遍及大江南北。20 世纪 80 年代，随着世界经济、文化的发展以及新中国改革开放政策的施行，我国与海外的交往日益频繁，现代体育舞蹈作为一种世界性的艺术又重新被引进，并得到了政府的支持，体育舞蹈在我国也进入了一个新的发展时期。

1984 年以来，先后有英国、美国、加拿大、澳大利亚、德国、日本、新加坡等 20 多个国家和地区的体育舞蹈专家来华进行表演和任教，同时体育舞蹈迅速从北京、广州向全国推广。1987 年 5 月，我国成功举办了第一届"中国杯"体育舞蹈锦标赛，开始了对体育舞蹈的探索。1989 年全国"通康杯"体育舞蹈大赛举行，在此之后便掀起了学习与推广国际标准交谊舞热潮，自娱性交谊舞也以各种形式迅速从大都市向中小城镇和乡村普及。1989 年，中国舞蹈家协会正式成立了"中国国际标准舞总会"，后更名为"中国国际标准舞学会"，以后每年举行一次"全国国际标准舞锦标赛"。

同时，外国专家及优秀选手纷纷来华讲学、表演、培训，大大推动了体育舞蹈在全国范围内的传播和发展。1989 年，中国舞蹈家协会率先邀请了日本的成濑先生来华执教，以此作为推动现代体育舞蹈在中国发展的契机。此后，王宏志、刘占士等先后来内地传播舞蹈，足迹遍及全国。1989 年，中国舞蹈家协会正式成立了"中国国际标准舞总会",20 世纪 90 年代后,改名为"中国国际标准舞学会"。1991 年,世界职业体育舞蹈明星表演赛举办,来自英国、丹麦、挪威、加拿大等国的欧洲冠军和世界冠军,以其精湛的技艺倾倒了无数中国观众,从而掀起了群众学习体育舞蹈的热潮。

1991 年 5 月 3 日,以"国际体育舞蹈俱乐部"为前身的"中国体育舞蹈协会"宣布成立,之后,"中国体育舞蹈培训中心"在全国各地广泛开展培训工作;依照国际规则,制定了我国第一个《体育舞蹈竞赛规则草案》;举办了"亚洲体育舞蹈大赛""第一届全国体育舞蹈锦标赛""14 国国际体育舞蹈大赛";相继加入了世界体育舞蹈职业总会和业余总会。1993 年 12 月,举办了"中国上海—北京世界杯体育舞蹈锦标赛",这是我国首个获得世界体育舞蹈职业总会(WDDSD)和世界体育舞蹈业余总会(IDSF)认可的世界性公开赛,也是中国最具规模的舞蹈大赛。同一时期,北京高校体育舞蹈协会也宣告成立。体育舞蹈在中国的发展步入了正轨。

与此同时,为有效推动体育舞蹈的发展,中国体育舞蹈协会和中国国际标准舞学会每年都会聘请资深的舞蹈专家、教师来到中国内地传授体育舞蹈的技艺。

1995 年,我国首次派 49 人团赴英参加第 70 届国际体育舞蹈锦标赛。1995 年,北京爱士舞蹈团首次参加在德国举行的世界列队舞比赛,获得第 15 名。1996 年 5 月,中国国际标准舞协会首次派出考察团参加世界著名的英国黑池第 71 届舞蹈节。同年 6 月,我国应邀参加"日本第 17 届国际标准舞锦标赛"和"96 世界舞蹈节——泛太平洋国际标准舞锦标赛"等比赛,均取得了优异的成绩。

1995 年 4 月,国际奥委会决定给予交谊舞(体育舞蹈)准承认资格。国际奥委会的认可,为体育舞蹈打开了一片更广阔的天地。因而,20 世纪 70 年代末到 20 世纪 90 年代末,可视为我国体育舞蹈发展的第三阶段——全面的恢复时期,在这一阶段,我国的体育舞蹈有引进、有模仿、有迷茫、有摸索。

(四)第四阶段——全面发展

从 2000 年开始,随着我国对外文化交流事业的发展,体育舞蹈发展进入了全新的时期。这个时期我国体育舞蹈在继续引进西方先进技术和理念的基础上,有了自己的特色与创新，不仅对原有西方传统舞蹈进行大胆的改造与创新，而且开始引入民族文化的精华，使我国的体育舞蹈有了自己的亮点，并频繁走出去与世界体育舞蹈交流碰撞，在竞争中求发展，取得了不俗成绩，屡次获得大奖。

2000 年，中国体育舞蹈运动协会与中国业余舞蹈竞技协会联合组建了中国体育舞蹈联合会。同年，国家体育总局社会体育指导中心开始监管体育舞蹈项目，同时中国体育舞蹈运动协会也得到了我国奥委会的承认。广州体育学院、北京体育大学、武汉体育学院等院校开始成立体育艺术表演专业，设立专门的体育舞蹈方向，体育舞蹈开始逐步走进体育学院及师范院校，并且在全国大学招生工作中成为独立招生的艺术表演专业。在全民健身大潮的推动下，体育舞蹈联合会成立了健身交谊舞蹈委员会，并于 2001 年举行了第一次交谊舞研讨会，自 2002 年开始，该委员会开始牵头举办全国健身交谊舞锦标赛，至今已成功举办了十三届。

目前，全国多数省、市、自治区都拥有大批体育舞蹈爱好者，总人数达数十万人之多。广东、上海、北京等地更有一批优秀选手脱颖而出。因此，从整体上说，2000 年至今，我国的体育舞蹈发展处在相对独立的时期，体育舞蹈组织管理机构的层次性、运动技术的完善性得到有效完善，体育舞蹈竞赛、裁判的制度化都得到了全面提高，呈现出社区、学校、培训机构和媒体等多渠道传播模式，健身性的体育舞蹈也顺应全民健身大潮被逐步纳入竞赛和表演体系。体育舞蹈在中国基本确立了独立地位，其间有创新、有成就、有空间，也有不足。

现代体育舞蹈流入中国的时间并不长，但已有芬芳满园之势。如今，无论是在大中城市的舞厅和体育场馆，还是在大专院校的课堂和自娱性的舞会上，都能领略到其绰约的风采。我们相信，中国体育舞蹈的明天，必将走向辉煌。

第二节　体育舞蹈功能与艺术特点

一、体育舞蹈的功能

体育舞蹈不仅具有鲜明的运动特点，同时还有着多方面的功能。具体来讲，体育舞蹈的功能主要表现在以下几个方面：

（一）有助于运动者身体素质的提高

通过练习体育舞蹈有助于增强运动者的体力，从而有效改善运动者身体功能，增强关节的弹性以及灵活性，全面发展身心及各器官的机能，提高身体的协调性、灵活性、柔韧性等。另外，经常参加体育舞蹈还有助于促进运动者机体新陈代谢的改善。

（二）有利于运动者形体的发展与气质的培养

体育舞蹈对于运动者形体的发展也有着非常积极的作用，它能够有效减少运动者体内多余的脂肪，合理控制体重，使体重与关节匀称、和谐地发展。体育舞蹈能够陶冶运动者的情操，培养运动者高尚的情趣，提高他的表现力及艺术鉴赏力，增强韵律感、节奏感和美感体验，培养文明、礼貌的行为习惯和高雅、庄重的行为举止，使其个性魅力增强。总之，体育舞蹈对于形成正确的身体姿态与健美的体形、培养高雅的气质具有非常积极的作用。

（三）给人以美的享受

体育舞蹈所具备的内容美、形式美、技艺美、精神美使其自身有着极强的感召力，同时还能够有效满足人们的审美需要，给人以审美享受。

（四）有利于消除紧张与不安情绪

良好的情绪对于人们保持良好的心理状态非常重要。在良好心情状态下，人的思想会更为开阔，思维更加敏捷，解决问题也会更加迅速且有效率，理解能力好，思想清晰并且善于推理。体育舞蹈能够有效消除身体的疲劳，调节运动者的情绪。同时还能够活跃身心，改善人的精神面貌，使人身心舒畅、性格开朗、心情愉快，并且具有充沛的精力。由此可见，参与体育舞蹈对于减轻运动者的身心负担、提高学习与工作效率是非常有利的。

在参与体育舞蹈时，优美的音乐、欢快的气氛以及美妙动人的舞姿都会感染每一个人，运动者的身心也能够在娱乐与愉悦中得到有效的放松。

（五）有助于推动社交的开展

体育舞蹈是一种非常高雅的运动项目，也是一种人们之间沟通个人情感的形体语言。经常参加体育舞蹈练习有助于改善人们之间的关系，增进相互之间的了解，这对于丰富人们的业余文化生活、提高生活质量有着很好的推动作用。

二、体育舞蹈的艺术特点

体育舞蹈的各种舞蹈风格，与其发源地的条件和影响因素息息相关。一个区域的传统文化的形成，会受到当地的历史条件、地理环境、生产方式、民俗特征和审美理念的影响。每个舞蹈种类都展示出了鲜明的民族特色和丰富的艺术表现力。

大多数现代舞起源于欧洲，具有端庄含蓄、稳重优雅的绅士风格，舞步轻快流畅，舞姿起伏优美，是适合各个年龄段的舞蹈系统。大多数形体舞动作大胆粗犷，速度变化多样，舞姿丰富多彩风格独特、激情四射、自由浪漫，特别适合年轻人。体育舞蹈是文艺与体育的结合，是一种兼具竞争性、娱乐性和观赏性的竞技舞蹈。体育舞蹈的特点具体可以总结为以下几点：

第一，技巧性。体育舞蹈的动作都是在一定的规则之内形成的含有技巧性的动作。它不像日常生活中人们发出的动作那样随意，它具有体育与文艺两个层面的特殊要求。体育舞蹈含有的规范性和技巧性，是暗含在严格的整体舞蹈体系之中的。这种特殊性决定了它必须用适当的动作来表现舞蹈精神。通过对舞姿、舞步、表情、节奏等多方面的技巧性表达，表现出舞蹈的崇高精神和优雅风格，这都离不开对舞蹈技巧的融会贯通。

第二，思想性。舞蹈本身是独特的艺术语言表达形式。舞者身体的每个部分的肢体动作就起到了语言的作用。随着体育舞蹈的发展，舞者全身性的表现力显得日益重要。体育舞蹈将形体、线条、节奏、构图等因素结合在一起，起到陶冶情操、提升气质的作用。它虽然强调技巧性，却不是动作的随意堆砌和技巧的纯粹展现，而是具有思想性的表现形式。它是对社会生活的描绘和对艺术形象的塑造，它是通过对现实生活的观察、体验和分析研究，经过概括和提炼而得出的思想的结晶，借以表现社会生活，表达作品对生活审美的评价、肯定或否定的情感及思想倾向。体育舞蹈的每一个动作都是与人的内心表达相一致的，它是心灵情感的外在展现形式。优秀的作品可以清楚地告诉观众角色的具体场景，以及表现人物的细节以及思想和情感。总体来说，由行为组成的"词汇"具有一定的内涵，无论是表达具体细节、行为和心理活动，还是表达相对抽象的情感和气质都是如此。

第三，抒情性。体育舞蹈都长于抒情，当语言和唱歌不能充分表达内心情感的时候，跳舞也就成了最佳的补充方式。阮籍也说过"歌以叙志，舞以宣情"。舞蹈在叙事方面的长处和抒情方面的短处是同时存在的。这说明，形成这种情况是因为舞蹈的艺术特点。舞蹈的语言只能依赖于主观的身体动作生动直接地抒发人物的内心情感，但是舞蹈很难像戏剧和小说那样，精心地诠释故事的叙述和情节的交代。即便在戏剧性舞蹈中，也必须把情节简练到最低程度，而在一切环节上充分展开抒情。

体育舞蹈对情感的表达是无所不能的。它能够与某个情感类别一样，也能像人的内心情绪波动那般细微。例如，伦巴舞以极细微的扭胯技巧，甚至一瞬间眼神的表现，使得舞蹈更具神韵。复杂的感情活动、人物思绪的相互影响，通过舞蹈动作和表现力，可交代得清清楚楚。同样，牛仔舞表现出的则是粗犷豪放、放纵不羁的风格。

第四，健身性。与其他健身运动一样，体育舞蹈对心理和身体的健康都有很大的好处。每个体育舞蹈动作的完成，都是每个器官和每个身体部位互相协调的结果，这体现了它的生理机能的运作。做出这些练习的过程就在不知不觉中对各个器官进行了锻炼。与此同时，舞者在参与体育舞蹈的过程中，感受到音乐、气氛以及舞蹈想要表现的内容，心理上也就不自觉地受到潜移默化的影响，情感得到抒发，对舞者的心理健康也产生了十分有益的作用。所以，参与体育舞蹈还可以排除学习和生活中的种种烦恼，增强舞者的自信心。

第五，娱乐性。体育舞蹈是具有娱乐性特点的舞蹈，与其他舞蹈种类的区别很明显，娱乐性也是与其他体育项目的区别。体育舞蹈原本就从生活中发展而来，娱乐性的需求是支撑它持续发展的重要因素。人们在参与体育舞蹈的过程中，注重自我身心的和谐发展，并且通过人与人之间相互交流和沟通，使它得到广泛的传播和普及，这正是由它的娱乐性体现出的社会价值。

第六，竞技性。体育舞蹈经历了长期复杂的演变，发展至今，已形成具有自身特性的、正规化的世界性竞技比赛项目。随着参与比赛国家的增加，其展现出的竞技性，也不亚于其他运动项目。

第七，表演观赏性。体育舞蹈结合了音乐之美、服装之美和体态之美，它适合表演、适合欣赏，更适合参与其中，它既具备优雅的元素，又具备能够让人们雅俗共赏的通俗元素。因此，体育舞蹈比芭蕾和冰上舞蹈拥有更多的欣赏者。西方人给予体育舞蹈"真正的艺术"的称赞和美誉。

最先吸引舞蹈欣赏者的元素就是美。体育舞蹈是一门视觉化的舞蹈艺术。这也是能被人们欣赏到的最直接的感知元素。舞者漂亮的服饰和高雅的气质，成为吸引人的焦点。摩登舞自始至终奉献给观众的形象是宫廷中特有的高贵、雍容华丽的美，而高雅的风格来自气质的流露、充实的心理和丰富的背景知识。跳摩登舞时，舞者的文化修养是一种气质底蕴，超凡脱俗，明朗清新。

体育舞蹈融音乐美、风度美和体态美为一体，但最重要的表现元素仍然是肢体动作。舞蹈动作是高度美化和标准化的动作，需要经过严格的训练才能将融合了节奏与韵律的技巧尽可能完美地展现出来。这种舞蹈极力追求独具特色的理想与完美。体育舞蹈甚至对舞者本身的体形和容貌有较高的要求。所以，体育舞蹈总是展现出美的气质、美的人性、美的情感，是内在心灵美与外在形式美的和谐统一。

第三节　体育舞蹈基础知识

一、体育舞蹈的专业术语

（一）体育舞蹈的基本术语与名词

体育舞蹈基本术语是指专门用来表述体育舞蹈理论、动作名称、技术过程、规则等相关内容的专业用语。

我国的体育舞蹈是从国外传入中国的一种体育类型，其名称的翻译肯定会受到语言、文化的影响，为了便于统一沟通交流，将体育舞蹈更好地传播开来，就需要制定术语来规范各国对体育舞蹈各方面内容的表述。从世界范围来说，世界通用的体育舞蹈术语主要是英文术语，其词汇主要来自英国皇家舞蹈教师协会的专业教材，一小部分来自拉丁文和法文。

20世纪80年代中期，体育舞蹈传入中国，随着体育舞蹈在中国的广泛传播，需要更加专业、统一、正确的词汇规范人们的交流活动，以促进体育舞蹈的传播和发展。常见的中文术语主要是从英文术语中音译和意译而来的，如音译过来的右旋转（Natural Spin Turn），意译过来的恰恰舞（Cha-Cha-Cha），也有音译和意译结合的翻译，如鲁道夫划圈（Rudolph Round）。

1. 舞程向

舞程向是指为了防止在舞池中出现舞者相互碰撞的现象，要求舞者必须按照逆时针方向行进。

2. 方位和舞程线术语

方位是指在体育舞蹈行进中，为了更好地辨别身体的方位、检查旋转的角度，在舞场上规定的一定方位。一般情况下，以乐队演奏台一面为规定方位的基点，定位"1点"，顺时针每转动45°角变动一个方位，这样场地就形成4个面8个点，如图1-1-1所示。

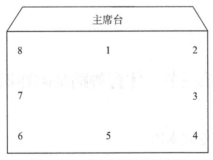

图1-1-1　体育舞蹈方位示意图

舞程线（Line of Dancing，简称LOD）是指舞者按照逆时针方向行进，围绕舞池中央行进的路线。舞程线由两条长线和两条短线构成，并产生8个常用方位，如图1-1-2所示。沿着逆时针方向行进，在舞程线中任何一点都有这8个方位。

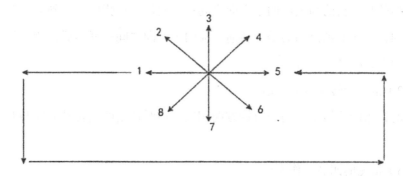

图 1-1-2　舞程线及方位示意图

3. 运动方向术语

体育舞蹈中的运动方向通常指的是脚的运动方向，而表述身体、头、手臂的方向一般只存在于造型动作中。

（1）脚的运动方向术语

脚的运动方向，如图 1-1-3 所示，分为向前、后退、向侧、斜前、斜后、向侧稍前、向侧稍后、向前稍侧、向后稍侧这几种运动方向，左右呈对称模式。

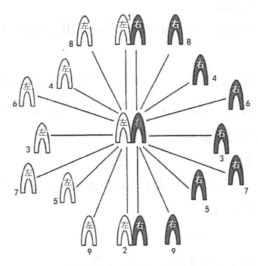

图 1-1-3　脚的位置示意图

①向前指的是做动作时胸部所对的方向；②后退指的是做动作时背部所对的方向；③向侧指的是做动作时肩部所对的方向；④斜前指的是前与侧两个基本方向之间 45°的方向；⑤斜后指的是后与侧两个基本方向之间 45°的方向；⑥向

侧稍前指的是在斜前与侧向两个方向之间；⑦向侧稍后指的是在斜后与侧向两个方向之间；⑧向前稍侧指的是在斜前与前两个方向之间；⑨向后稍侧指的是在斜后与后两个方向之间。

（2）常见的转动方向术语

顺时针指的是转动方向与时针方向相同。逆时针指的是转动方向与时针方向相反。

（3）常见的四肢动作术语

向内指的是肢体由两侧向身体正中线的运动，向外指的是肢体由身体正中线向两侧的运动。同向指的是不同肢体向同一方向的运动，异向指的是上、下肢体向相反方向的运动。

4. 转度术语

在做旋转动作时，旋转 360° 为 1 周，旋转 180° 为 1/2 周，旋转 90° 为 1/4 周，旋转 270° 为 3/4 周，旋转 45° 为 1/8 周，旋转 135° 为 3/8 周，旋转 225° 为 5/8 周，旋转 315° 为 7/8 周。

5. 动作中连接过程术语

连接过程术语是在描述一个连续动作过程时，用于表达动作的相互关系及先后顺序的专业用语。

"由"指的是动作开始的方位，"经"指的是动作过程中经过的位置，"至"指的是动作必须到达的某一指定位置，"成"指的是动作结束时的身体姿势，"接"指的是两个单独动作之间连续完成。

6. 动作相互关系术语

"同时"指的是同一时间内完成不同部位的动作，"依次"指的是不同个体或肢体相继做相同性质的动作。

7. 动作形式术语与音乐术语

动作形式术语一般用于描述动作形式或性质。

"基本舞步"指的是构成特定舞蹈的基础舞步，"组合"指的是两个或两个以上舞步相结合，"套路"指的是由若干组合编连而成的一套完整的舞步。

"节奏"指的是具有规律的、反复出现的、具有特色的、带有情感的节拍，"音乐速度"指的是一分钟内音乐演奏的小节总数。

（二）体育舞蹈的动作名称术语

1. 基本身体位置术语

基本身体位置是指跳舞时两人相对站立的位置和站立的姿态，主要包括以下几种站位：

（1）闭式位

闭式位指男、女面对面站立，相距50—70厘米，女士站位略靠男士右侧。男士左小臂举起，女士右手轻搭于男士左手上。男士右手放在女士左肩胛下半部，小臂与手成一直线，指尖朝下。女士左臂位于男士右臂上方，左手轻搭于男士右肩上。

（2）分式位

分式位泛指男、女面对面分开约一臂距离站立。

（3）侧行位

侧行位指男士的右侧靠近女士的左侧，男士的左侧向外展开呈"V"字形站立。

（4）反侧行位

反侧行位指男士的身体左侧靠近女士的身体右侧，男士的右侧向外展开呈倒"V"字形站立。

（5）外侧位

外侧位指在摩登舞中，男、女舞伴的一方向另一方的一侧（一般为右外侧）前进所形成的身体位置。

（6）并退位

并退位指男士的身体右侧靠近女士的身体左侧，两人的外侧脚后退形成的身体位置。

（7）反并退位

反并退位指男士的身体左侧靠近与女士的身体右侧，两人的外侧脚后退形成的身体位置。

（8）并肩位

并肩位指在拉丁舞中，男、女面对同一方向肩臂相并的身体位置。男士左肩与女士右肩相并叫"左并肩位"。男士右肩与女士左肩相并叫"右并肩位"。

（9）扇形位

扇形位指女士位于男士左侧，相距一个半手臂距离，两人身体成扇形排列，女士身体转向男士的身体位置。呈扇形位站立时，女士左脚在后，重心落在左脚；男士右脚向侧并稍微向前，重心落在右脚。

（10）影子位

影子位指男、女面向同一方向重叠而立、形影相随的身体位置。一般为女士居前。

2. 常用技术术语

（1）舞步

舞步指一只脚的一个动作。

（2）外侧舞步

外侧舞步指对方身体和脚的外侧运行的舞步。

（3）预备外侧舞伴位

预备外侧舞伴位指比一般前进步步法稍微向侧的舞步，为了能够预留空间，方便舞伴进入外侧。

（4）反身动作

反身动作指一侧脚前进或后退时，另一侧肩膀和胯后让或前送，使身体与舞步形成反向配合的身体动作。该动作主要用于转的开始，目的是让轴转更加明显。

（5）反身动作位置

反身动作位置指身体不转动，两脚型呈交叉样式，保证两人身体维持相靠姿态。该动作位置主要用于外侧舞伴姿态和侧行位置姿态的舞步中。

（6）升降

升降指在跳舞时身体的上升与下降。身体升降靠的是膝、踝、趾关节的屈和伸。

（7）摆荡

摆荡指跳舞时身体上升做斜向或横向移动，如钟摆摆锤一样摆动。

（8）倾斜

倾斜动作指跳舞时，身体倾斜，即肩部平衡线向左或右成倾斜状态。

（9）平衡

平衡指舞蹈中身体重心的准确分配。

（10）滑步

滑步指在第二步双脚并拢的三步组成的舞步，可分为前进步和后退步两种。

（11）刷步

刷步指动力脚在移位之前，需先保持重心不变并与主力脚靠拢。

（12）逗留步

逗留步指身体运动或旋转受阻时的部分舞步型，双脚暂停运动后改变运行方向。其中一只脚做逗留步，另一只脚并合或靠近，整个过程重心不发生转移。

（13）追步

追步指在摩登舞或拉丁舞中，一拍跳二步的舞步。

（14）踌躇步

踌躇步指前进暂时受阻的舞步型，重心停留于一脚超过一拍。

（15）脚跟转

脚跟转指向后迈出的脚进行脚跟转动，其中并上的脚平行于主力脚，待旋转结束后，身体重心移至并上的脚。

（16）脚跟轴转

脚跟轴转指在重心不变的情况下，单一脚跟旋转。

（17）开式转

开式转指第三步不是并靠而是超越第二步的旋转。

（18）轴转

轴转指一脚脚掌旋转时，另一脚处于或前或后的反身动作位置。

（19）锁步

锁步指两脚前后交叉，前脚脚跟与后脚脚背相贴，脚尖方向平行，小脚趾相靠的舞步。

二、体育舞蹈的场地与设施

（一）体育舞蹈的训练场地与设施

体育舞蹈训练场地与设施相对简单，作为体育舞蹈的训练场地和设施一般只需要具备以下几个条件：

1. 场馆

体育舞蹈是在室内进行的体育运动项目。其中，以竞技性质为主的体育舞蹈训练必须在室内进行，而一些以社交、娱乐为目的的体育舞蹈也会在公园、广场举行。

室内场馆的地面为纯木质地板最佳，其次是复合地板，水泥地面和平整的大理石地面也可以使用，但在比赛之前需要使用与比赛相符的地面进行适应练习。

2. 音乐播放器材

体育舞蹈必须搭配音乐，可以根据自身条件选配适合的音乐播放器材，如音箱、数码播放器等。

3. 落地镜

在练习体育舞蹈时，场地里必须有一面相当大的镜子能够帮助练习者在做动作时，对照镜子中的动作。大落地镜对于体育舞蹈练习者建立良好的动作定型起到了重要的作用，不仅可以帮助他们及时纠正错误动作、掌握正确动作技术，而且可以帮助他们不断完善优美的姿态。

4. 其他辅助条件

为了能够给练习者提供良好的练习条件，训练场馆里还需要具备适宜的温度、明亮的灯光、良好的通风，以及饮水设备、换衣间和盥洗间等。

（二）体育舞蹈的比赛场地与设施

1. 比赛场地

国际体育舞蹈比赛场地地面应当铺设平整光滑的木质地板，面积为 15 米 ×23 米，赛场上较长的两条边线为 A 线（23 米），较短的两条边线为 B 线（15 米）。场地的周边可以根据需求围放高度不超过 80 厘米的广告牌，并在周围预留选手出入口。

2. 主持人工作台

主持人制是体育舞蹈比赛的一个重要特征。主持人是连接选手、比赛组织者和观众之间的纽带，掌握着整个比赛的进程。主持人工作台一般设置在比赛场地A线外的中央位置，并配备话筒等设备。

3. 音乐播放系统

为了保证体育舞蹈比赛的专业性，比赛所使用的音乐播放系统一般为专业的播放器材，且播放音量控制在场馆内所有观众都能够听到的程度。音乐播放系统会在一定程度上影响选手的表演质量及观众的观赏效果。因此，音乐播放系统是整个比赛中不可或缺的一项内容。音乐播放系统应当配备至少两名控制人员，且他们需要位于主持人可视范围内。

4. 计分组工作间（台）与设备

体育舞蹈比赛的计分是在一个相对安静的空间内完成的，通常需要 3—5 人。体育舞蹈比赛计分需要电脑、打印机及各类表格、评分夹与文具等。

5. 检录处

为了保证比赛能够顺利进行，也为了确保比赛的公开公正，需要在大赛赛场通道附近的空间设置检录处。

6. 观众席

观众席分为两种，一种为与比赛场地分隔的标准观众席，另一种为在赛场的周边设置的以圆桌为单位的观众席。

7. 更衣室、化妆间

比赛选手在到达比赛场地后需要更换服装并进行妆容修饰，以提高体育舞蹈的欣赏性，因此主办方需要准备男、女更衣室和化妆间。

三、体育舞蹈的礼仪

体育舞蹈礼仪既是生活礼仪在体育项目中的表现，又是竞赛规定和约定俗成的规范。体育舞蹈礼仪包括展现体育舞蹈高雅美感和文明特征的礼仪。可以说，体育舞蹈礼仪主要是指人们在进行体育舞蹈训练、比赛中相互尊重、友善的行为规范，包括语言、动作、仪表、服饰、礼貌礼节等几个方面。

（一）体育舞蹈课堂教学的礼仪

体育舞蹈十分注重礼仪，在教学过程中，教师不仅要教授学生体育舞蹈礼仪，同时还要以身作则、言传身教，在潜移默化中将体育舞蹈礼仪渗透到学生训练和生活中的点点滴滴，从根本上提升体育舞蹈参与者的礼仪和素质，同时提升我国体育舞蹈的普及程度。

1. 教师教学礼仪

教师需至少提前 10 分钟进入教室，更换专业体育舞蹈教学服装和舞鞋，检查场地和教学设备。上课前要认真备课，保证教学思路的连贯、清晰。尽快记住所有学员的姓名和特点。上课时要向学生致以问候语，在课程结束后再次发出问候语并向所有学员鞠躬致意。在上课过程中，教师讲话要清晰洪亮、自然、亲切，并准确使用专业术语。教师上课期间不得接待无关人员，不能将手机带入训练场地，不得接打电话。教师要公平对待每一位学生，因材施教。

2. 学员课堂礼仪

学员要在上课之前做好所有准备工作，不得迟到或中途插入队伍。如果迟到，经教师允许后，在不影响他人情况下站在队伍后面或者旁边。学员应穿着干净、整齐的规定服装，并保持个人卫生，给教师和舞伴以尊重。

未经教师允许，学生不得接待他人及接打电话。上课期间，不得随意讲话、嬉戏玩耍。

（二）参加体育舞蹈比赛的礼仪

1. 赛前

（1）报到及报名

领队或选手要按照体育舞蹈比赛规程上注明的时间和地点及时报到。报到时，领队或选手要确认计分组打印出的各参赛队的报名确认表上的报名信息后，才能正式报名和录入报名信息。选手依次通过身份确认和签写保证承诺书，并提前准备好有效证件，确保报到的准确、高效。为了避免出现混乱场面，报到人员要自觉遵守和维护现场秩序。

（2）领队、教练员会议

领队和教练员需准时参加赛前会议。在会议中要将手机铃声调为静音状态，如有问题不能打断会议，应当在专门时间提问。提问时应当按照秩序依次发表意见，不得喧哗吵闹。

（3）熟悉比赛服装的规定和要求

体育舞蹈对服装有一定的要求，尤其是参加大赛时，一定要按照世界体育舞蹈联合会有关比赛服装要求的细则准备服装，避免因服装违规而遭到淘汰。在准备服装时，一定要选择合身的服装，防止出现因服装过松、过紧出现"走光"现象，影响选手的发挥及产生不好的公众影响。

（4）使用棕油的文明

由于体育舞蹈选手需要涂抹棕油，因此在比赛期间尽量要自己带睡衣、枕巾、床单等，避免将宾馆、酒店的毛巾、床上用品弄脏。

（5）尊重承办城市

参赛人员应当维护和尊重承办城市的环境卫生与风俗习惯。

2. 赛中

（1）在检录处的礼仪与注意事项

运动员要提前到达检录处等候检录，在检录过程中保持秩序和安静，尊重工作人员，并保持检录区和候场区的环境卫生。

（2）入场礼仪

选手按照比赛场次的序号依次进入场地。男士要关爱和照顾女士，双方不得分开入场。入场时要向观众和裁判员行礼示意。

（3）舞前站位礼仪

后入场的选手不得从先入场的选手中间穿过，不能紧贴其他选手站立，也不得遮挡其他选手。

（4）裁判员念名次时的礼仪

当主持人念到选手背号的时候，该选手需从场边走到场地中间向全场行礼答谢，之后方可退场。

（5）退场的礼仪

退场时，男士要引领女士依次从下场通道离场，不可拥挤、喧哗，舞伴不可分开。退场过程中可向观众、亲友团及队友挥手致意。

（6）颁奖中的礼仪

当听到主持人宣布自己的姓名或背号时，要先向自己的舞伴致谢，然后向观众致意。到达领奖台后，要向先到位的获奖选手祝贺。在接受颁奖时，要面带微笑与颁奖嘉宾握手或拥抱致谢，并弯腰低头佩戴奖牌。在举起奖杯或奖牌时要向全场观众致谢示意。

3. 赛后

（1）获奖后的礼仪

选手获奖后要在第一时间向身边的教练员、领队、管理老师及帮助和支持自己的人致谢，并向家人、朋友传递喜讯。

（2）诚挚的祝贺与鼓励

比赛结束后，参赛选手要主动向获奖的队友、对手表示祝贺，给予没有获得优异成绩的选手鼓励和支持。

（三）观看体育舞蹈比赛的礼仪

1. 茶座席与观众席礼仪

茶座席是围绕比赛场地设置的，距离比赛选手较近，和选手具有较强的互动性。因此，坐在茶座席上的观众应当给予选手以积极的鼓励，并投以赞许的目光。观众席上的观众距离选手较远，可以在选手表现良好及表演结束之后，以热烈的掌声表示对选手的尊重和赞许。

2. 尊重裁判的判决

体育舞蹈除了具备较高的欣赏价值外，还是体育竞赛项目，其比赛结果依靠裁判员和评分员的评判。观众要尊重裁判员和评分员的判决，在对判决不满时不能起哄、扔掷杂物，要保持赛场的干净、安静，保证比赛能够正常进行。

（四）参加舞会的礼仪

舞会是一种重要的、十分受欢迎的交际形式，了解舞会礼仪是对舞会举办方和自己的尊重。

1. 参加舞会前的准备

在舞会准备阶段，每一个人都需要注重自己的仪表举止礼仪。首先，保持清洁卫生。在日常生活中就需要养成良好的卫生习惯，保持身体、头发的干净整齐，勤换衣物。在参加舞会期间，不得有剔牙、挖鼻孔、挖耳孔等不雅动作。女士需要在参加舞会前剃去腋毛，男士需要剃去胡须。在参加舞会前，不要饮食带有浓烈气味的食品并保持口腔卫生。

其次，参加舞会前，被邀人员需适度化妆。女士需要完成整个面部妆容和美发，妆容一般要比日常妆容更浓一些。男士可以美发、护肤。

最后，舞会着装必须干净、整齐、合身、美观、大方。有条件的可以穿着定制服装。舞会是一个十分正式的场合，因此需要避免穿着暴露或者过紧、过透。舞会一般不允许戴帽子、墨镜或穿拖鞋、凉鞋、布鞋、运动鞋及穿过于休闲和运动型的衣服。

2. 舞会中的礼仪

（1）邀舞

邀舞也叫作请舞。正式的舞会和涉外舞会，同性之间是不能共舞的。在舞曲响起后，一方主动走到异性面前邀请其跳舞，一般为男士邀请女士。男士邀请女士共舞，女士可以婉转拒绝，但是女士邀请男士共舞，男士不能拒绝。

从第二支舞曲开始，男主人要按照礼宾序列上的排位邀请男主宾的女伴共舞，而男主宾要按照被邀请共舞的女伴的顺序回请女主人共舞。其余男宾邀请女士共舞的顺序应当是女主人、被介绍相识的女士、旧交的女士、坐在身旁的女士。

一般情况下，一对舞伴只共舞一首曲子，然后与他人共舞，扩大自己的交际面，这也是举办和参加舞会的重要目的之一。

（2）拒绝

当被邀请共舞时，一般不宜回绝对方，但是在因为某些原因要回绝对方时应注意态度和言辞，不能对对方的邀请视而不见，也不能说一些言辞犀利的话置对方于尴尬境地。当拒绝对方时要起身相告拒绝原因并道歉，要言语婉转，一般会说"已经有人邀请我了""我不熟悉这首舞曲""我累了，想单独休息一会儿"等。拒绝他人之后，不要立刻接受其他人的邀请，否则会被视为对该人的侮辱。

在邀请他人被拒绝之后，不要胡搅蛮缠，应当有自知之明，接受道歉后顺势离开。

（3）跳舞时的礼仪

在正式场合，邀请到舞伴之后，男士要掌心向上牵着女士的手走向舞池。在非正式场合或者两人十分熟悉，可以男士在前、女士在后一起走入舞池。当起跳时，双方相对而立，男士以左手邀请，虎口向上，女士侧身直接交手共舞或者双手携裙、双脚交叉、左膝微屈示意后交手共舞。

跳舞过程中，身体要保持平衡，步法整齐前进或后退时迈步的幅度适中、力量分配均衡、保持身体重心。变换方向时，要以自己左脚或右脚的前脚掌为轴转动。

初次邀请不熟悉的舞伴跳舞时，所选的舞步应由易到难、由简到繁，注意与对方的配合，切不可为了展示自己的舞步而忽视对方的感受。

当一曲舞毕，舞者应向乐队立正、鼓掌以示感激，然后再离开。男士将女士送回到原来的休息处，道谢告别后，再去邀请其他女士。

在共舞时，两人身体需相距一拳距离，除非关系十分亲密，否则不可贴对方太近，以免给对方造成困扰，也不要长时间盯着对方的眼睛。和互不相识的舞伴跳舞时，可以略做交谈，称赞对方的舞技、衣着或者表扬乐队的演奏等。

四、体育舞蹈的欣赏

（一）摩登舞的观赏

1. 基础知识

第一，了解摩登舞舞种的样式、特点和风格，体验不同形式和风格舞蹈的特色。

第二，了解摩登舞的音乐风格、构成要素、节奏类型等。

第三，了解摩登舞的动作结构及舞步流动规律，从专业的角度欣赏舞蹈。

2. 观赏侧重点

（1）音乐风格

摩登舞的音乐风格须能够衬托其高贵和雅致的形体动作，将舞者对音乐的理解完美体现出来。

（2）肢体语言

摩登舞具有强烈动感的肢体语言，摩登舞者一般都具有匀称的躯干、修长的四肢、端庄的仪态，给观众带来美的体验。

（3）服装与舞美

女士的舞裙裙袂飘飘，颜色或清新淡雅，或绚丽夺目，给人以赏心悦目的感觉，带来美好的视觉体验。

（二）拉丁舞的观赏

1. 基础知识

第一，了解拉丁舞舞种的样式、特点和风格，体验不同形式和风格舞蹈的特色。

第二，了解拉丁舞的音乐风格、构成要素、节奏类型等。

第三，了解拉丁舞的动作结构及拉丁舞的舞步流动规律，从专业的角度欣赏舞蹈。

2. 观赏侧重点

（1）音乐风格

拉丁舞的音乐风格更加丰富，每一个舞种都有其独特的节奏。桑巴舞和斗牛舞是围绕着场地的边缘，所有参赛人员沿逆时针方向舞动，都是2/4拍的舞蹈。其中，斗牛舞舞曲曲式是固定的，一般主持人会在大家摆好舞蹈预备动作后通知音响师播放音乐。当比赛中每个音乐段落重拍时，会呈现出所有选手整齐顿拍的画面。桑巴舞的节奏变化更加丰富，舞步呈现出快慢有致的样子，配合桑巴舞曲鲜明的律动感，能够产生极富美感的效果。

伦巴舞、恰恰舞和牛仔舞是固定在一个小的范围内跳，都是4/4拍的舞蹈。伦巴舞的音乐多是情歌；恰恰舞的音乐多欢快而轻巧；牛仔舞的音乐多激情澎湃、热情亢奋，具有美国爵士乐风格，类似于摩登舞中的狐步舞和快步舞。

（2）身体线条

摩登舞的身体线条较为固定，而拉丁舞的身体线条较为丰富。手臂的舞蹈动作变化多端，身体也会随之产生律动，能够极大地将男性的阳刚与张扬及女性的阴柔、灵动和矜持表现出来。

（3）艺术感染力

不同舞蹈因其风格不同，会给观众带来不同的艺术感染力。在欣赏伦巴舞和斗牛舞时，观众会被其肢体语言和音乐风格吸引，全身心投入进去，引起共鸣。

恰恰舞、桑巴舞和牛仔舞更多的是热情奔放，选手可以与观众互动，以此提高艺术感染力。

（4）服装

拉丁舞的比赛服装具有极强的观赏性。女士身着浪漫、自由、款式各异的舞裙，尽显女性柔美。男士的衣服更加潇洒自如、灵活多变，显示出男性的阳刚之美。

第二章　体育舞蹈教学理论

本章讲述的是体育舞蹈教学理论，主要是从四个方面进行具体论述，分别为体育舞蹈教学研究基础、体育舞蹈基础技能教学、体育舞蹈形体与体能训练和体育舞蹈编排。

第一节　体育舞蹈教学研究基础

一、体育舞蹈教学的心理学基础

体育舞蹈教学的心理学基础，主要通过体育舞蹈运动中参与者的个性心理活动得以反映。相关研究发现，人们参与体育舞蹈运动，与人的感觉、知觉、判断、记忆、思维等心理过程，以及性格、兴趣、意志等个性心理特征有密切的关系，这些因素会对人们参与体育舞蹈运动的积极性、自觉性和主动性产生直接影响。

（一）体育舞蹈运动的个性心理

所谓个性是指具有一定倾向性的较为稳定的心理特征的总和。个性心理是指在心理活动中，个人所表现出来的心理特点，主要包括气质、性格、能力三个方面。这些特点会对个人的所有行为产生影响，在体育舞蹈运动中同样有着非常重要的作用。

1. 能力

能力是指顺利完成某种活动所必备的心理特征，包括观察力、记忆力、思考力、想象力和注意力等。能力是掌握运动技能、提高运动成绩的基础。在能力方面，人与人之间有着很大的差异，比如人的能力类型的差异（有人善于形象思维，有人善于抽象思维）、能力表现早晚的差异、能力发展水平的差异（有人聪明、有人愚笨、有人敏捷、有人迟钝），所以在学习体育舞蹈的过程中，要根据练习者的能力特点进行因材施教，并采用不同的教学方法，以促使每一个练习者都能掌握好相应的运动技能，否则，就很难达到预期的目标。

2. 气质

在人的心理活动中，气质是最为稳定的动力特征。气质类型不同，所产生的行动表现也存在差异。对不同人的气质类型进行鉴定或了解，对于体育舞蹈运动有着非常重要的意义。

3. 性格

性格，是个人对现实的稳定的态度和习惯化的行为方式。作为个性的一个方面，它跟气质、能力一样都是人们之间存在着差别的比较稳定的心理特点，但性格特征有着特殊的表现。第一，性格是现实社会关系在人脑的反映，个人对现实的态度和采取某种行为方式，都是人们的一定思想意识和行为习惯的表现；第二，性格又具有比较稳定但可变的倾向特点，其中，稳定是性格经常的、一贯的表现。性格又是可变的。如一个意志薄弱、胆小怕刺激的人，经过长时间的运动训练和多次比赛，很可能变成一个意志坚强的运动员。所以，培养性格是培养人的一项重要任务。

综上所述，每一个人都存在着相应的心理变化过程，并且心理过程与个性心理差异有着非常紧密的联系。在生理运动中，个性心理能够为其提供相应的指导。个性心理又是通过心理过程形成的，也是在心理过程中表现出来的，已经形成的个性心理差异又制约着心理过程的进行。因此，体育舞蹈运动与心理过程有着非常紧密的联系，两者相互促进，并相互制约。

（二）体育舞蹈运动与心理效应

体育舞蹈运动的心理学基础主要反映在运动过程中参与者的个体心理方面。体育舞蹈运动可以调节人的心理，使人们的心理向着健康方向发展，还可以培养人们的心理品质，而优良的心理品质对体育舞蹈具有重要的促进作用。实验研究证明，人的心理过程和个性心理特征跟人们运动行为的关系非常密切，它们直接影响着人们参加体育舞蹈运动的自觉性、积极性和主动性。通过体育舞蹈运动锻炼，会不断提高、改善和调节着人们的心理水平。具体来说，体育舞蹈运动的心理效应主要通过以下几个方面表现出来：

1. 体育舞蹈与认知能力

认知能力对于人来说都是与生俱来的，与遗传因素有着很大的关系，同时外界环境、心理、年龄等因素也会对其产生影响。体育舞蹈运动能够很好地促进人的认知能力的发展。体育舞蹈运动种类繁多，但有共同的特点：在运动或高速运动中要求运动者既能对外界物体做出迅速准确的感知和判断，又能迅速感知、调整自己的身体，以保证动作的完成。经常参与这项运动能够很好地促进人的感觉和知觉能力得到更好的发展，提高人的反应速度，促进人知觉判断能力的提高，从而使人变得更加灵活、敏锐。同时，也能够使人的记忆能力、思维能力、判断能力得到充分的锻炼。在体育舞蹈运动中，人们能够对运动过程中那些直接作用于感觉器官的动作、音乐以及指导员给予肌肉、神经等的刺激进行感知，而且在思维和指导动作的协调下，还能对某些没有经历过的动作在头脑中创造出来，从而达到创造新动作的目的。同时，在智力方面，人的认知能力是一个表现与反应，通过认知能力淋漓尽致的展现能够很好地反映出人的智力的高低。

长期参与体育舞蹈运动，能够使参与者的智力提升，即能够提高参与者的注意、记忆、反应、思维和想象等能力。以上这些非智力成分在促进人的智力发育和提高方面，有着非常重要的作用。

2. 体育舞蹈与动机

体育舞蹈运动是以身体锻炼为基本手段，配合音乐的伴奏，增进健康、娱乐身心的体育健身项目。在体育舞蹈运动中，人们对练习环境、音乐、指导员的技能水平等都会表现出一种好奇。这种心理就是所谓的动机。动机是指能够促使人们参与活动的内部动力或心理动因，其意义在于能够激发人们参与活动，并将活动导向某一目标的内部动力，从而使个体的需要得到满足。由于生长环境的不同，人们的个性心理也存在较大的差异，这就造成了在参加体育舞蹈运动时的心理需要、动机层次、指向以及深广度都会有所不同。比如有的人参加体育舞蹈，既可能是出于维护个人健康的需要，也可能是由于受到朋友的影响。通常来说，在某一时刻最强烈的需要构成最强的动机，最强的动机能够更好地推动人们的行为。

在体育舞蹈运动中，人们的参与动机并不是单一的，也并不是一成不变的，往往都是很多动机综合起来共同发挥作用。对于各种群体而言，参加体育舞蹈运动的动机主要有以下几个方面：第一，精神需求得到满足；第二，达到强身健体的目的；第三，寻求刺激和娱乐消遣；第四，增加和丰富社会经验，结交新朋友或对现存的友谊关系进行维护和扩大；第五，对意志进行磨炼；第六，为丰富自己的审美情趣，或出于减肥需要。

3. 体育舞蹈与意志品质

体育舞蹈运动对人的意志品质的影响表现为磨炼出坚强的意志品质。坚强的意志品质是克服困难、完成各种实践活动的重要条件。"明确目的"和"克服困难"是进行意志品质培养所必须具备的两个条件。这也要求体育舞蹈运动必须具备以上两个条件。在体育舞蹈运动中，人们的目的是非常明确的，在此过程中需要不断克服客观困难（如气候条件的变化，动作的难度或意外的障碍等）和主观困难（如胆怯和畏惧心理，疲劳或运动损伤等），这就需要足够的意志力量。只有不断地克服这些困难，才能慢慢地养成锻炼身体的习惯。对于大学生来说，在意志品质的教育方面，体育舞蹈运动是非常有效的手段。在行动中不怕任何挫折和失败，不怕任何困难和障碍，以充沛的精力和顽强的毅力坚持达到最终目的，是体育舞蹈运动课堂中对意志品质的教育。体育舞蹈运动能够焕发精神面貌，陶冶高尚情操，同时舞蹈音乐给这种运动带来生机和活力，让大学生在欢乐的气氛中进行锻炼，心情愉快，不易疲劳，使心灵和情操都能得到净化。

4. 体育舞蹈与情绪、情感

在人们的日常生活中，情感每时每刻都充斥其中，但是在受到诸多因素的影响下，情感又会表现为各种各样非常复杂的心理情绪，情绪是人对事物态度的体验，也是人的需要是否得到满足的具体反映。研究显示，不管是长久坚持体育舞蹈运动，还是一次性的体育舞蹈运动，都能对人的情绪产生良好的影响。在日常社会生活中，人们常常会产生紧张、忧愁、压抑等情绪反应，学生也因经常面临着学业压力或就业压力而不断产生焦虑反应。在体育舞蹈运动中具有强烈的情感体验，因此对人的心理影响非常大。体育舞蹈运动中的任何一个项目中，都会有复杂的情感表现相互感染，或融合在一起，有利于转移个体不愉快的情绪和行为。

这些复杂的情感体验刺激在促进学生情感自我调节能力和情感成熟方面，有着非常显著的作用。在现实生活中，人们也可以通过体育舞蹈运动改善和调节自己的情感状态。

体育舞蹈运动对于情绪的调节作用主要表现在短期效应和长期效应两个方面。有关研究指出，短时间的运动锻炼可以显著地改善紧张、困惑、焦虑、愤怒和抑郁等不良情绪，长期有规律的中等强度的运动有助于改善情绪并提高情感的控制能力。长期参与体育舞蹈锻炼，能够有效地提高学生的沟通能力和交际能力，改善人际关系，能够产生亲近、谅解、信赖和相互谦让的心理感受，从而在心理上产生安全感和归属感，更好地适应社会环境，有效降低学生在实际生活中面临的考试压力、学业压力和就业压力等。

5. 体育舞蹈与美感

美感是关于客观事物或者人的言论、行动、思想、意图是否符合人的美的需要而产生的一种情感。体育舞蹈运动优美、富有活力、节奏感强，能使人产生美的情感。同时，还能够给人自然、大方、协调、热情、健康的美的感受。美感具有非常复杂的成分，就体验而言，美感既是一种愉快的体验，同时也是一种倾向性体验。

美感表现为对于美好事物的肯定，促使人重复去欣赏，感到亲切、迷恋。美感是在人的社会性需要的基础上产生的。在人的整个情绪生活中，这种情感占据着主要的地位，并对人类的生活发挥着非常重要的作用。体育舞蹈运动具有很强的艺术性，经常参加体育舞蹈运动对韵律感和节奏感的增强都有促进作用，从而提高了认识美、表现美和创造美的能力。

6. 体育舞蹈与心理疾病的防治

医学研究显示，人的大脑中有一种化学物质不仅调节身体的免疫系统，同时还影响着人们的思想感情。这意味着人们的心理状态与生理状态有着非常紧密的联系。此外，这种化学物质不仅存在于个人的大脑中，还能够循环传递于身体各个系统中，包括免疫系统。这就意味着积极乐观的心理状态可以预防疾病，让人体内分泌出各种有利于健康的化学物质，从而提高人体的免疫机能。如在给一些病人进行康复治疗时，让其保持乐观向上的精神状态有时会达到事半功倍的效果。

而相反，负面的心理活动，如消极的情绪、长期的焦虑、发脾气、巨大的精神压力等都会导致不良的生理反应。

在信息传递方面，人的大脑与肌肉是进行双向传导的神经。兴奋既可以从肌肉传递到大脑，同时也能够从大脑传递到肌肉。积极的肌肉活动能够增加对肌肉的刺激，大脑的兴奋水平也会随之提高，情绪也会越发高涨。反之，肌肉就会放松下来，对神经的刺激也会相应地减少，从而也使大脑兴奋性得以降低，不会产生高涨的情绪。体育舞蹈运动之所以能有效地调节人的情绪，也就是运用、遵循了这一原理。很多医学研究认为，在情况允许的情况下，运动治疗是非常好的方法。但在运动治疗过程中要遵循一定的基本神经生理法则。

第一，通过感觉对运动进行调整，运动系统在相当大的程度上依赖感觉系统对外界环境的有效反应，通过对本体感觉输入进行有效的控制，从而对运动的输出进行促进或抑制。

第二，中枢神经系统具有很强的可塑性，也就是说，在受到损伤之后，大脑能够进行自行的调整，从而对损伤进行代偿的功能。因此，体育舞蹈运动的作用就是将大脑的这种潜能进行最大程度的发掘。

此外，每个人的心与身都是相互联系、相互作用的，人的心理与周围的环境、与周围的人也是相互协调、相互影响的。而体育舞蹈运动则为人提供了一块珍贵的活动空间，在这一空间中，人的心与身、人与环境、人与人之间都能充分地交融在一起，从而促进主体对环境的适应，促进人际关系发展，使人达到身心平衡，获得身心健康。

（三）心理因素对体育舞蹈运动的影响

1.情绪对体育舞蹈运动的影响

良好的情绪能够明显地提高人的活动能力，促进人体运动能力的提高，使人精神焕发、干劲倍增、积极主动、坚韧不拔、持之以恒。不良的情绪则让人表现为精神不振、无精打采、心灰意冷、注意力不集中等。由此可见，情绪对体育舞蹈运动产生非常大的影响。作为一项充满活力、散发着热情的运动项目，体育舞蹈必须依靠表演者的情绪来感染观众的情绪。因此，时刻洋溢着愉快、热情是对对每个体育舞蹈运动者提出的运动要求。

在体育舞蹈运动中，如果人们的情绪不稳，自控能力差，心慌意乱、忧心忡忡，就难以很好地掌握动作技能。相反，如果人们的情绪稳定、精神饱满、注意力集中，就能达到良好的运动效果。

2. 意志力对体育舞蹈运动的影响

众所周知，体育舞蹈运动能够培养坚强的意志品质。而坚强的意志品质也同样对体育舞蹈运动具有积极的影响，如对掌握动作技能，提高运动成绩，增强身体素质等都十分有益。

首先，与日常生活相比，在体育舞蹈运动中肌肉会具有更高的紧张程度，并且需要在不同情景和困难条件下完成各种动作，此时只有具有坚强的意志力才能够使各种动作的需要得以满足。

其次，在参与体育舞蹈运动中，需要将注意力高度集中，并在意志力的作用下，克服来自内部和外部刺激的不良影响。

最后，在参与体育舞蹈运动时，机体的各个系统会全面运转，很容易产生疲劳，甚至发生运动损伤，具有较强意志者能够克服这种由于运动损伤和疲劳产生的消极情绪，并积极地参与到体育舞蹈运动之中。

3. 智力对体育舞蹈运动的影响

在身体活动中，人的智力有着相当的作用，虽然智力发展随着年龄的增长而与其身体活动能力的发展逐渐分化开，两者之间的关系也不再那么明显，但二者之间仍然存在着联系。在体育舞蹈运动中，通常会运用到精确的记忆能力、敏锐的观察能力、丰富的想象能力、快速的思维能力等。

二、体育舞蹈课程的运动学基础

（一）运动技能的本质

1. 运动条件反射的形成与运动技能的特点

（1）运动的反射本质

有关研究表示，人的所有运动都是从感觉开始的，随之产生心理活动，最后表达为肌肉的效应活动的一种反射。运动的生理机理是以大脑皮质活动为基础的暂时性神经联系。所以，学习和掌握运动技能，其生理本质就是建立运动条件反射的过程。

（2）运动条件反射形成的生理机理假说

运动条件反射的形成是由很多简单的非条件反射综合而成的。随着大脑和各个器官的发育，在这些非条件反射的基础上，通过听觉、视觉、触觉和本体感觉与条件刺激物的多次结合，就形成了简单的运动条件反射。人形成运动技能就是形成连锁的、复杂的、本体感受性的运动条件反射。

运动技能与一般运动条件反射并不是等同的，运动技能的特点在于其复杂性、连锁性和本体感受性。

①复杂性

运动技能是有多个中枢（运动中枢、视觉中枢、听觉中枢、皮肤感觉中枢和内脏活动中枢）参与形成的运动条件反射活动。

②连锁性

运动技能的反射活动是连续的，前一个动作的结束便是后一个动作的开始。

③本体感受性

在条件反射过程中，肌肉的传入冲动（本体感受性冲动）起到重要作用，没有这种传入冲动，条件刺激得不到强化，同时由运动中枢发放神经冲动传至肌肉效应器官引起活动的复杂过程条件反射就不能形成，也就无法掌握运动技能。

因此，运动技能与条件反射之间的关系就是：运动技能就是建立复杂的、连锁的、本体感受性的运动条件反射。

2.运动技能的信息传递与处理

所谓的信息处理就是人对外界环境刺激到发生反应的过程。在这个过程中人就是信息处理器，人对外界环境的刺激到发生反应的过程就是信息处理的过程。这一过程对运动技能的学习也是至关重要的。

形成和再现运动技能的信息源（刺激）的来源分别来自体外和体内。

第一，体外信息源来自体育运动学习的过程中，当教练或教师发出信息（包括信息的强度、形式、数量等），传输给运动者（传输手段包括示范、讲解、录像等），运动者通过感觉器官，经大脑皮质分析综合形成初步的概念。

第二，体内信息来源来自大脑皮质的一般解释区。大脑皮质的一般解释区由躯体感觉、视觉和听觉的联合区组成。一般解释区位置在颞叶后上方、角回的前方。一般解释区是视觉、动觉、听觉的汇合区，具有各种不同的感觉体验和分析能力，信号是由一般解释区转移到脑的运动部位从而控制具体的运动。

（二）运动技能的分类

1. 连续、非连续和序列技能

人们根据运动开始和结束的位置，将运动技能分为连续性运动技能、非连续性运动技能、序列性运动技能三类，具体内容如下：

（1）连续性运动技能

连续性运动没有明显的开始和结束，其动作呈现出不断重复的特征，运动时间相对较长，具有一定的周期性特征。

（2）非连续性运动技能

非连续性运动没有明确的开始和结束，各动作也是由多种简单的动作构成的，运动时间相对较短，并不具有一定的周期性。

（3）序列性运动技能

多个非连续性运动构成了序列性运动，该运动在各个环节都有一定的顺序和节奏，注重各个环节之间的连贯性。

2. 封闭性与开放性运动技能

人们根据运动技能对外界环境的依赖程度，将运动分为封闭性运动技能和开放性运动技能。

（1）封闭性运动技能

封闭性运动技能主要依靠人体的感受器来实现信息的反馈和调节，通过多次练习便能够使得该运动技能稳定、协调。

（2）开放性运动技能

开放性运动技能依赖于外界环境提供的各种信息，在此基础上，人体综合各种外界环境因素做出相应的运动调节，以便更好地促进运动技能的发挥。在进行开放性运动技能训练时，运动者需要实时观察外界环境以及队员的变化，对运动者的应变能力和预见能力等均具有较高的要求。

3. 小肌肉群和大肌肉群运动技能

根据操作某项运动技能时人体参与肌肉群体的大小，将运动技能分为大肌肉群运动技能和小肌肉群运动技能。

（1）大肌肉群运动技能

大肌肉群的运动技能需要较大的肌肉系统参与才能实现，需要各动作之间协调、流畅的配合，常见的大肌群运动有行走、跳跃、大力扣球等技术动作。

（2）小肌肉群运动技能

小肌群运动要求对较小的肌群进行控制，对精确性要求较高，需要用到人体的手指、手腕、眼等。常见的小肌群运动有射箭、射击等。

三、体育舞蹈教学的美学基础

（一）体育舞蹈的审美构成因素

体育舞蹈源于生活及人们对人体健美的追求，是体操、舞蹈、音乐逐步发展和结合的产物。体育舞蹈较好地把体育与艺术结合在一起，因此它与一般体育运动项目相比，具有较多的审美因素。体育舞蹈以人体自身为审美对象，对于人体的自然属性方面较为重视，如人的形体匀称适度，肌肉强健、富于弹性，肤色美观等。无论人体处于静止状态，还是运动状态，其上述自然属性是很明显的。这些自然属性对形式美是体育舞蹈的主要审美构成因素起着决定性作用。

形式美是构成事物外在属性及其组合关系中所显现出来的美。相对内容而言，形式美具有相对独立的审美意义。因此，形式美的构成因素，自然也就成了体育舞蹈的主要审美构成因素，具体来说，体育舞蹈的审美构成因素主要包括以下几个方面：

1. 线条与形体美

（1）线条

线条和形体是构成人体美的基础。通常情况下，不同的线条会给人带来不同的感受。比如，垂直线给人以坚硬、庄严、高昂的感觉，曲线给人以舒展、柔和、流畅的感觉。一般来说，男性的健美主要表现为刚健有力、直线条多一些；而女性的健美则表现为柔美秀丽、曲线多一些。如果对男女人体的健美加以分类的话，那么大体分为刚、柔两类。这种分类只是近似的、相对的。实际上，刚、柔是相互渗透、相辅相成的。在体育舞蹈运动员中，在男性强健的身体上，可以找到柔和的曲线之美，他们可以做出灵巧的动作，这就是刚中有柔；而女性运动员秀美的身姿，也可以展现出矫健有力，她们可以做出强劲的动作，这便是柔中有刚。在体育舞蹈的线条因素中，常常是既刚柔相分，又刚柔相济的。

（2）形体美

体育舞蹈的形体美，是由男女运动员自身形体的静态美和操化动作动态美两方面组成的。从静态方面来看，美的形体应具备以下三个方面的条件：

第一，由骨骼为支架所构成的人体各部分比例要匀称、适度、发育良好。

第二，由肌肉的完美发达所呈现的人体形态要强健而协调。

第三，肤色红润而有光泽。

只有满足以上三个方面的条件，才能称得上是美的形体。从动态方面来看，体育舞蹈运动员的形体美主要依靠体育舞蹈的动作创编以及运动员对这些连贯的动作组合和动作群的展现。动作是在协调一致的动作流程中展现的，它的基础是节拍，还包括连续造型，从而构成了动态美。了解这些特点，在进行编排的过程中，就可以将这些因素考虑进去，在编排中体现运动员的动态线条与形体的美。

2. 色彩美

色彩作为形式美的重要因素，它有冷暖、轻重、远近、明暗的视觉效果。色彩具有一定的情感性和象征性，不同的颜色的视觉效果也是有一定的区别的，这些可以根据体育舞蹈的需要，将其运用到体育舞蹈运动的创编中。一般来说，红色、橙色属于暖色，给人热烈、兴奋、活跃、喜悦之感；青色、蓝色属于冷色，给人深远、幽静、庄重、严谨、典雅之感；草绿色、银色属于中性色，给人柔和、娴静、和谐之感。如看到红色，就使人不由得想起血与火，因而产生热烈兴奋的情绪。所以在编排体育舞蹈时，可考虑在大红色地毯上进行成套的创编，使运动员较易进入兴奋的状态，与创编者产生共鸣，能收到更好的效果。运动员在参加比赛时，要考虑各种影响成绩及发挥的因素，因此，考虑色彩美的编排是非常重要且必要的。

3. 音乐美

音乐是体育舞蹈的重要组成部分之一，对于体育舞蹈来说，音乐是不可缺少的，可见其重要性。具体来说，体育舞蹈必须在音乐伴奏下进行练习，可以说音乐是体育舞蹈的灵魂。与艺术体操相比，竞技体育舞蹈对动作的力度的重视程度更高。因此，它的音乐节奏趋于鲜明强劲，风格更趋热烈奔放。体育舞蹈音乐多取材于迪斯科、爵士、摇滚等现代音乐和具有上述特点的民族乐曲，使体育舞蹈体现出鲜明的现代韵律感。这种有节奏、韵律的音乐，能激发运动员的情绪，使之不觉得疲劳，产生一种轻松愉快的感觉，既得到美的享受，又提高了协调性、节奏感、韵律感和表现力。音乐运用的完美的程度直接影响着体育舞蹈的整体效果。在体育舞蹈中，音乐的主要作用是用来烘托成套动作的效果与气氛，音乐与动作是紧密结合的，动作既是对音乐情绪的表现，也通过音乐气氛对动作本身进行情绪上和力度上的烘托与渲染，任何一个动作的艺术性都存在于一种音乐情绪的表现之中。体育舞蹈音乐具有节奏鲜明，旋律优美，风格各异的特点，它的动感非常强烈，让人很兴奋也很激动，其节奏性充分体现在音乐的独特风格上。近年来，随着体育舞蹈的不断发展，人们更加注重对音乐节奏性的运用，同时增添其创造性的编排，使音乐效果更具艺术性和欣赏性。

总体来说，体育舞蹈的音乐配以强劲的鼓点动效，能达到使整个过程洋溢着热烈、欢快、喜庆的气氛的目的，通过音乐的节奏将体育舞蹈运动的本质和内涵充分体现出来，同时将体育舞蹈运动所独有的动感风格突出显示出来，也将体育舞蹈项目的节奏美这一美学特征充分地体现出来。

4. 路线变化美

体育舞蹈运动场地的表面至少有前、后、侧、对角、弧线等五个方向的移动，即表现为体育舞蹈运动路线的变化美。与其他的体育项目不同，体育舞蹈路线的丰富变化既展现了该运动别具一格的风格特色，提高了体育舞蹈运动的艺术欣赏价值和审美价值，又是运动员竞技能力的一种体现。一个优秀的运动员能够充分地利用场地，把成套动作的路线变化表现得淋漓尽致，每一个到位的路线跑动都让人赏心悦目，将体育舞蹈运动的这一美学特征向观众及裁判展示出来。在编排中，创编者更应注意要将这些审美特点通过成套动作编排展示出来。

（二）体育舞蹈的审美构成法则

在体育舞蹈中，要构成整体的形式美，还有赖于按一定法则进行的组合。由于体育舞蹈的美以形式美为主，因此形式美的主要构成法则亦成了体育舞蹈的审美构成法则，也是进行体育舞蹈编排的基础。体育舞蹈审美的构成法则主要包括以下几个方面：

1. 整齐一律

整齐一律，又称为"单纯齐一"，是最简单的形式美，这一法则在体育舞蹈中得到了非常广泛的应用。体育舞蹈中的一些自选动作或规定动作，很多都要求整齐一致。它虽然简单，却是最基本的形式美构成法则，也是体育舞蹈中的动作基础。此外，需要注意的是，不要过分强调整齐一律，否则就会显得非常呆板，因此，在具体创编的过程中要对整齐一律的适中性进行把握。

2. 对比调和

对比调和是构成形式美的重要法则，应该严格遵守。它对于鲜明地表现事物的特点是非常有帮助的。在体育舞蹈中，对比主要在形体及音乐方面得到充分运用。拿形体对比来说，体育舞蹈中男运动员的身体强壮、肌肉发达与女运动员的身材匀称、曲线秀美本身就形成了刚与柔的对比。另外，在动作的编排上，除男女运动员的统一动作外，男运动员的动作可突出其阳刚与力度，女运动员的动作可突出其阴柔与协调性。再拿音乐对比来说，整套体育舞蹈的音乐不宜采用同一节奏与力度，而应有张有弛、强弱适中。在这样的音乐伴奏下，体育舞蹈动作也自然有张有弛，时而激越澎湃，时而舒缓抒情，能给人以审美享受。调和是在差异中求一致，但着重统一。在体育舞蹈中，既要善用对比这一法则，也要对调和给予高度的重视。另外，还要在色彩、音乐、形体中加强对比调和，如男女运动员服装颜色的调和，服装与地毯颜色的调和，音乐的节奏与旋律的调和，动作与音乐的调和等。如果不掌握规律，就会导致相差甚远，严重的还会对事物的调和一致性造成破坏，对于体育舞蹈的审美价值也会造成一定的影响。

3. 多样统一

多样统一，也叫和谐，是形式美法则的高级形式。"多样"能够将各个事物千差万别的个性充分体现出来，"统一"则主要将各个事物的共性或整体联系充分体现出来。多样统一使人感到既丰富，又单纯；既活泼，又有秩序。这一基本法则包含了变化以及对称、均衡、对比、调和、节奏、比例等因素，所以人们一般都把"多样统一"作为形式美的根本法则。概括地讲，多样统一是在变化中求统一，在参差中求整齐。而体育舞蹈动作的创编，正应根据形式美的这一根本法则来进行。体育舞蹈比赛的成功与否很大程度上取决于编排水平，其创编原则主要包括针对性原则、创新性原则、全面性原则和艺术性原则等。创编时应遵循多样统一的法则，体育舞蹈的总体结构设计合理才能产生悦人的节奏感和张弛有序、高潮迭起的美感。体育舞蹈要吸收舞蹈等艺术性项目的动作语汇，并且加以改造，使之成为美观大方、有力度、有特色的体育舞蹈动作。整套体育舞蹈的风格要鲜明，不可将风格不同的多种艺术成分吸收在同一套舞蹈中，因为它违反了多样统一这一最基本的体育舞蹈的审美构成法则。

4. 均衡对称

所谓均衡是指布局上的等量不等形，对称是指以轴线作为中心的相等或相适应。通常情况下，对称往往能给人以稳定感、完全感、庄重感。均衡与对称是相互联系的两个方面，均衡包括对称这一因素，但比对称更加灵活，允许左右形态有所不同，其审美效果是整齐与活泼的结合。在混合双人操和三人操中，均衡应用得较多，而在混合六人操中，则对称动作应用较多，这样能使整个队形对称整齐，整体壮观，达到较好的视觉效果。因此，在编排体育舞蹈的过程中，要对均衡对称这一审美构成法则加以有效利用。

5. 节奏韵律

由于体育舞蹈的开展是在强劲音乐的伴奏下进行的，因此音乐的韵律和节奏会对动作的幅度和力度产生非常重要的影响。同时，体育舞蹈是由类型、方向、路线、幅度、力度、速度等多种不同的动作组成的，而要产生良好的审美效果，就一定要将这些动作和音乐的节奏与韵律完美地统一起来。作为一门艺术性非常高的运动项目，动作和音乐双重节奏的韵律法则的作用，能够使运动员的节奏感和韵律感得以增强，从而促使其音乐素养的提高，提高运动员认识美、鉴赏美、表现美直至创造美的能力。在编排成套的体育舞蹈动作时，必须使动作与音乐的节奏韵律相吻合，正确处理好动作与音乐节奏韵律之间的关系。

第二节　体育舞蹈基础技能教学

一、体育舞蹈基本姿态教学

（一）基本姿态

1. 交叉式

在舞蹈基本姿态中，交叉式分为两种姿态，一是前交叉，二是后交叉。前交叉和后交叉相同的是，面向 8 点，右脚为前五位站立；不同的是，前交叉是右脚向前擦地，脚尖点地，手在五位，头向 2 点，而后交叉是左脚向前擦地，脚尖点地，手在五位，头向 2 点。

2. 鹤立式

鹤立式也分为两种姿态，一是前鹤立式，前鹤立式是在动力腿前举的基础上完成的；二是后鹤立式，后鹤立式是在动力腿后举的基础上完成的，两者的区别在于动力腿抬举的方向不同。

做鹤立式时可在主力腿半蹲、直立、立踵等不同的状态下完成。前鹤立式和后鹤立式的动作为动力腿屈膝，抬腿时小腿的高度尽量高于大腿，但是不同的是前鹤立式在抬腿时是向前抬起 90°，而后鹤立式在抬腿时是向后抬起 90°，且手都在五位上。

3. 攀峰式与俯望式

攀峰式与俯望式这两种姿态都是在侧举腿的基础上做出的，并加上身体和方向的变化而形成的。

（1）攀峰式

身体面向 8 点，左脚在前五位站立，右腿向侧擦地抬起至 90° 以上，右手三位，左手七位，上体略向左倒，头向右转，抬头看右上方。

（2）俯望式

俯望式的舞姿基本同攀峰式，不同的是攀峰式将头转向右边，低头看右下方，而俯望式是将头转向左边，低头看左下方。

4. 迎风展翅

根据手臂、腿及身体方位的变化，迎风展翅分为四种舞姿，具体内容如下：

（1）第一迎风展翅

右腿支撑身体重心，左脚向后擦，然后点地，或向后举腿，高度任意，右手向前伸，左手向侧后斜伸，手心向下，头向右边转动，眼看右手所指方向。

（2）第二迎风展翅

右腿支撑身体重心，左脚向后擦，然后点地，或向后举腿，高度任意。左手向前伸，右手向侧后打开，手心向下，头向左边转动，眼看左手所指方向。

（3）第三迎风展翅

右腿支撑身体重心，左脚向后擦，然后点地，或向后举腿，高度任意。左手向前伸，右手向后方侧伸，手心向下，头向左边转动，眼看左手指向方向。

（4）第四迎风展翅

右腿支撑身体重心，左脚向后擦，然后点地，或向后举腿，高度任意。右手向前伸，左手向侧后打开，手心向下，头向右边转动，眼看右手指向方向。

（二）舞蹈基本技巧动作

1. 转

转是舞蹈技术领域中非常富有表现力的一种技巧动作。有时能单独表现有时又起着巧妙衔接动作或技巧的作用。归纳起来，有原地转、移动转和空中转三种方式。

要掌握转的技巧，基本要领如下：

（1）平衡

整个身体集中在一个力点上，不能倾斜，这样才能转得稳。

（2）动力

转的推动力来自主力腿由半蹲到直起呈半脚尖的脚后跟推地的力。

（3）控制

会控制动力，要用得恰到好处，因为用力大了会甩出去，失去重心，小了又转不动。

（4）方向

凡是带甩头的转，眼睛必须看一个固定的目标。不是甩头的转，也要始终向所转的方向看去，这样才不会眩晕和迷失方向。

2.跳跃

跳跃是舞蹈动作中不可缺少的一部分，几乎在任何舞蹈中都能看到跳跃的动作，跳跃就是利用身体的弹跳力，使双脚离开地面。

跳跃在舞蹈中主要是结合人物特点塑造人物形象，是舞蹈中表达思想情感的手段，跳跃一般分为五种类型姿态：双起双落、单起双落、双起单落、单起单落、换脚跳。这五类跳的训练目的是不同的，而且在这些跳中还分为小跳和大跳。小跳，一种是不带舞姿，动作比较简单，节奏变化不多，纯属训练跳的基本能力的跳跃。如一位小跳、小八字跳等；另一种多半是在较快速度的节奏中进行的带有舞姿、较灵活的表演性跳跃，可以直接运用于舞蹈之中。如小吸腿跳、小后腿跳、斜探海跳等。

（1）小八字位小跳（双起双落）

①做法

A.身体对1点，小八字步站立，双手叉腰准备。

B.做动作时，小八字步半蹲（膝盖对准脚尖方向），然后在快速直起的同时，绷脚推地跳起（不要求高度），在空中仍保持八字位，落地时先落脚尖、脚掌到全脚，呈八字位半蹲。

②训练步骤

音乐中速，轻快，24拍为宜。

A.两拍一次：准备拍半蹲，1拍跳起，2拍落地半蹲。

B.一拍一次：准备拍半蹲，踏跳起，1拍落地半蹲。连做三个停一个或连做七个停一个。

（2）斜探海跳（双起单落）

①做法

A.身体对2点，左丁字步，眼看8点准备。

B.做动作时，两腿半蹲跳起，双手向上撩起，经盖掌至胸前，跳起时两腿在空中夹紧，同时双手向下分掌后向两侧撩起成左顺风旗，降落下时，右腿后吸起时，要拧腰和下旁腰，眼看拧腰的斜下方。

②训练步骤

A.两拍一次：1拍跳，2拍落。

B.一拍一次：踏（预备拍）蹲，1拍跳，或1拍蹲，踏跳。

3.翻身

（1）特点

翻身是中国古典舞技巧的一个重要组成部分。它的种类很多，实际运用范围很广，变化多样，技巧性较强，对身体能力训练也很有作用。翻身动作的特点是在脚步交叉辗转的情况下，上身以腰为轴心，保持在倾斜状态上的转身。翻身的种类主要以手部的配合或重心的不同来区别，在腰部的能力和特点上是共同的。

翻身可以作为舞蹈单一技巧独立存在，也可在舞蹈中运用，或用作连接动作。在单独练习结束时，可加入各种舞姿亮相。翻身技巧动作在幼儿舞蹈表现中基本上是不用的，因此，这里只介绍一种翻身——踏步翻身（双腿重心上的翻身），供学生舞蹈身体素质训练选用。

（2）做法

①左丁字步准备，右山膀按掌。做动作时，双手从右山膀按掌向上晃成左山膀按掌的同时，左脚向左横上一步，然后右脚从后边踏到左后边成踏步。

②两脚中间距离横脚，右脚尖与左脚尖对齐，后脚掌着地，上身先直立，要翻时再向前倾斜45°（初练时可从25°起），弯膝半蹲然后打开按掌手，呈双山膀，手心向下，身体向右翻，用左旁腰手保持双山膀，身体翻成后腰。

③面对天花板，挑腰，亮胸，顶臂，双手打开，手心向上，重心在两腿中间，脚掌着地。

④右膀继续领，身体下右旁腰同时收右胯，呈另一边的踏步，身体回到的方向，翻了一个整圈，在翻身的过程中头一直看前下方，先留头，然后甩头。

⑤踏步脚的位置要准确，翻身过程中要始终用脚掌转，大腿要用劲，腰要在统一高度上，经过旁后旁前四个方向。

⑥整个动作过程要连贯，膀子路线是圆的，头要朝向一个方向。

二、体育舞蹈把杆基础教学

（一）基本扶把方法教学指导

在体育舞蹈基础技能教学中，把杆是主要的教学内容之一，通过对学生的把杆练习进行科学指导，能够培养学生正确的身体姿态，并促进其下肢和躯干柔韧性及协调能力的发展。在把杆教学中，把杆的高度要到学生的腰部位置。下面就对双手扶把与单手扶把的方法进行具体阐述：

1. 双手扶把

在与把杆相距 30 厘米左右的位置直立，面对把杆，双手轻轻地放在把上，双手间的距离与肩宽相同，肘部自然下垂，放松肩部（图 2-2-1）。

2. 单手扶把

身体与把杆侧对，一只手轻轻地放在把上，扶把手位于身体的侧前方，肘部自然向下垂，放松肩部。需要强调一点，扶把手要轻扶把，不能过分用力，否则会使身体失去重心和平衡（图 2-2-2）。

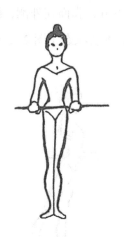 

图 2-2-1　双手扶把　　　　　　　图 2-2-2　单手扶把

（二）基本动作教学指导

1. 擦地

在整个腿部的动作训练中，擦地是最基础的动作。学生脚站一位或五位的位置上，通过向前、侧、后方向的蹦脚练习，对踝关节、脚背的力量和腿部肌肉进行训练，从而通过腿部动作展现出更加优美的舞蹈线条。

（1）动作方法

擦地动作按照不同的方位有三种具体方法，即向前擦地、向侧擦地和向后擦地。学生一位或五位站立，用一只手扶把或双手同时扶把，将臀部与腹部收紧，后背挺直，保持紧张状态。

①向前擦地。主力腿支撑身体重心，动力腿处于正直状态，将脚尖绷紧向前擦地。脚跟同时以最大的力量向前方顶，脚跟、脚心、脚掌逐渐离地直到整只脚完全在地面上方绷紧，脚面朝外，脚尖与主力腿位于同一条直线上。然后按照原路线慢慢恢复到准备状态（图2-2-3）。

②向侧擦地。主力腿支撑身体重心，动力腿处于正直状态，向侧方向擦出，开始时整只脚擦地，在擦地的同时要将脚背绷紧，并将脚背推到最高点，脚尖点地，脚跟顶向前方，脚面朝外侧，充分伸长腿部的肌肉。然后按照原路线慢慢恢复到准备状态。

③向后擦地。主力腿支撑身体重心，动力腿处于正直状态，向后方向擦出。擦地时脚尖先行，尽可能使动力腿伸展到后下方，脚面朝外侧，脚尖与主力腿位于同一条直线上，然后按照原路线慢慢恢复到准备状态（图2-2-4）。

图2-2-3　向前擦地

图2-2-4　向后擦地

（2）教学要求

①向前擦地时，脚跟先行，恢复到准备状态时脚尖先行；向后擦地与向前擦

地方向相反。

②在擦地练习过程中，可以先通过双手扶把的方式来进行向侧擦地练习。然后再以单手扶把的方式进行不同方向的练习。需先慢后快地调整练习节奏。

③学生初学时，如果开度达不到要求，就可先以八字位姿势站立。

2. 蹲

蹲主要是通过不断地进行腿的屈伸，来促进腿部肌肉力量的增加。通过练习蹲的姿势还可以促进跟腱弹性、韧性及膝关节的控制能力的提高。

（1）动作方法

蹲有半蹲和全蹲之分，具体方法如下：

①半蹲。一位站立，上体处于正直状态；两腿膝部慢慢向下蹲，直到最低限度，但要确保全脚掌着地，此时会感到脚腕和脚背受到了挤压，跟腱部位也有明显的牵拉感，之后两膝缓慢地起立（图2-2-5）。

②全蹲。以半蹲为基础继续向下蹲，脚跟逐渐离地，直到蹲到最低限度，此时臀部不能坐在脚跟上，且双腿需向外开，挺直后背。之后脚跟先着地再慢慢起立（图2-2-6）。

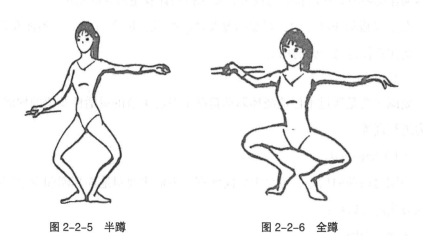

图 2-2-5　半蹲　　　　　　　　图 2-2-6　全蹲

（2）教学要求

①先练习半蹲姿势，再练习全蹲姿势。在练习半蹲时，一、二、三、四、五位半蹲的方法都是一样的。在练习全蹲时，三、四、五位全蹲和一位全蹲方法一

样，但需注意二位全蹲时不抬脚跟。

②在下蹲的过程中，髋、膝、脚尖保持一致的开度，且在下蹲和起立的过程中都要保持对抗性。

3. 小踢腿

小踢腿主要是对腿和脚的动作速度及肌肉快速的控制能力进行训练，它以擦地为基础向空中踢出 25° 时稍加控制，速度和力度都要比擦地大，且具有一定的爆发力。

（1）动作方法

①向前小踢腿。一位或五位站立，动力腿向前方擦出后继续向空中踢出（中间没有停顿），直到 25° 的高度时停止继续踢出，落地时脚尖前点地后收回五位。

②向侧小踢腿、向后小踢腿。向侧小踢腿、向后小踢腿的动作方法与向前小踢腿相同，只是方向不同。

（2）教学要求

学生如果是刚开始接触体育舞蹈，可以先进行分解动作练习，也就是先练习擦地，然后再练踢腿，在对用力过程有所了解之后，再进行完整练习。在进行小踢腿动作练习时，速度快、力度大，要保持身体及主力腿的稳定。

在小踢腿动作练习中，踢腿高度要严格把控，最高为 25°，不能踢得过高，同时要注意保持动力腿的稳定。

4. 划圈

划圈主要是通过不停地绕环划动腿部来对髋关节的灵活性及腿的伸展、控制能力进行训练。

（1）动作方法

划圈可由前向后划，也可由后向前划。下面主要对地面划圈和空中划圈两种划圈方法进行解析：

①地面划圈。

A. 由前向后划动。主力腿保持直立状态，动力腿向前方擦出，腿在脚尖的带动下按照前—侧—后的顺序划动，之后恢复到起始状态。

B. 由后向前划动。主力腿保持直立状态，动力腿向后方擦出，腿在脚尖的带动下按照后—侧—前的顺序划动，之后恢复到起始状态（图 2-2-7）。

图 2-2-7　地面划圈

②空中划圈。

A. 由前向后划动。主力腿保持直立状态，动力腿踢向前方呈前 25° 小鹤立式，大腿不动，伸直小腿，腿在脚背的带动下，以胯为轴心在空中按照从前向后的顺序划动，之后慢慢恢复到起始状态（图 2-2-8）。

B. 由后向前划动。主力腿保持直立状态，动力腿踢向后方呈后 25° 小鹤立式，大腿不动，伸直小腿，腿在脚背的带动下，以胯为轴心在空中按照从后向前的顺序划动，之后慢慢恢复到起始状态。腿在空中划圈时，按照弧线形轨迹运动。

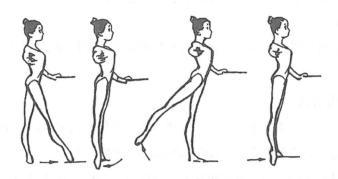

图 2-2-8　空中划圈

（2）教学要求

①髋、主力腿不要随动力腿的划圈而转动，应始终处于正直状态。

②充分伸展动力腿并保持外开，划动动作要做到位。从前向后划圈时，主要是脚尖带动腿划动；从后向前划圈时，主要是脚跟带动腿划动；腿在空中划圈时，

应在脚背的带动下划动。

5. 单腿蹲

单腿蹲主要是通过不断屈伸腿来促进腿部肌肉力量以及主力腿、动力腿相互配合能力的提高，并从中对动作的内在韧性加以感受。

（1）动作方法

主力腿慢慢向下蹲，同时以膝关节为轴缓慢收回动力腿的小腿，脚尖在主力腿小腿前贴近。再缓慢伸直主力腿，以膝关节为轴缓慢向前伸出动力腿的小腿，伸出高度以 45° 为宜。

也可以向侧、向后方向做单腿蹲练习，动作方法与向前单腿蹲相同，但要注意向后进行单腿蹲练习时，脚尖收回时应在主力腿小腿后贴近。

（2）教学要求

①同时屈伸双腿，要协调配合好两腿的动作，要连贯、有韧性地完成屈伸的过程。

②动力腿在主力腿伸直的同时向前（或向侧、向后）伸出 45°，此时要完全伸直两腿后再同时弯曲，不能在没有充分伸直双腿时弯曲腿。

③刚开始进行单腿蹲教学时，可先使学生采取双手扶把的方法，进行分解教学，之后再采取单手扶把的方法进行完整动作的教学。

6. 小弹腿

小弹腿主要是通过快速屈伸腿来对小腿和脚部的动作速度以及肌肉快速控制能力进行训练。

（1）动作方法

五位站立，主力腿支撑身体重心，动力腿大腿保持固定不动，小腿快速收回并用脚拍击主力腿的小腿前部，然后小腿迅速向前弹出 25°。

也可以进行向侧、向后小弹腿练习，动作方法与向前小弹腿相同，只是向后弹腿时，动力腿小腿收回时脚应击打主力腿小腿后部。

（2）教学要求

①快速而准确地将小腿向外弹出。

②在腿弹动的过程中，身体和大腿不能晃动。

7. 控腿

控腿是通过控制腿的高度来对腿、腹、背的肌肉能力进行训练。

（1）动作方法

主力腿支撑身体重心，动力腿经擦地向前方抬起，在距离地面 90° 高或更高的位置停住，将动力腿控制一定时间后，再慢慢将其放下。

控腿也可以向侧、向后练习，方法与向前控腿相同。

（2）教学要求

①上体挺直，收腹立腰，髋部保持正直，伸直主力腿，尽力向上举起动力腿。

②开始练习时先将动力腿控制在距离地面 90° 的高度，待逐渐熟练后，再慢慢调高控腿的高度。

三、体育舞蹈舞步基础教学

（一）柔软步

1. 柔软步动作方法

由站立开始，两脚平均地交替行进，行进时要求脚面绷直，整个腿旋外向前伸出，由脚尖自然过渡到全脚掌着地，重心随之前移，身体站直，两眼平视，用臂至肩部以下自然前后摆动。

2. 柔软步动作要点

脚面一定要绷直，前脚掌落地时要迅速过渡到全脚掌，过渡要圆滑，同时身体重心要移至前脚，保持重心在前，两臂自然摆动。

3. 柔软步练习步骤

（1）两手放在腰间，呈叉腰的动作，随着节拍动，两拍一动，体会前伸和落地时重心移动的动作。

（2）两手放在腰间，呈叉腰的动作，随着节拍动，进行一拍一动练习。

（3）根据手臂动作的变化过程，随之进行整体练习。

（二）足尖步

1. 足尖步动作方法

由立踵开始，两脚并立，两臂自然下垂，左脚提踵，脚面和膝盖绷直向前伸出，身体重心落在前脚掌上，由脚尖过渡到全脚掌着地，重心随之前移，接着换右脚向前。两腿依次进行原地滑步，两手叉腰。

2. 足尖步动作要点

当一个脚跟触地时，另一只脚要提起，起伏不要太大，反复交替进行，练习时注意身体重心一定要向上拔。

3. 足尖步练习步骤

两脚开立，两臂自然下垂，慢速度做单手扶把练习，体会动作要领；叉腰练习，动作跟随节奏变换，由慢到快；人体重心向右移动，腰胯带动身体重心移动。

（三）弹簧步

1. 弹簧步动作方法

预备姿势为立踵，弹簧步基本同柔软步。

（1）左脚向前柔软步并稍屈膝，从脚尖过渡到全脚掌，重心移至左脚，右腿跟随，然后屈膝，身体重心保持平稳。

（2）左腿蹬直至起踵立，同时右腿向前下方伸出，落地时膝盖要有弹性地弯曲，身体重心要随着节奏，像波浪一样的起伏。

之后换另一条腿做同样的动作。

2. 弹簧步动作要点

步距最为重要，两脚之间的距离不能过大也不能过小，否则会用不上力，脚的弹动要柔和，在屈膝过程中也要体现出"柔"。

3. 弹簧步练习步骤

（1）先掌握柔软步与足尖步的基础，再学习弹簧步。

（2）两手放在腰间，呈叉腰动作，练习向前弹簧步。

（3）身体配合手臂的摆动与绕环做出弹簧步。

（四）变换步

1. 变换步动作方法

预备姿势为自然站立，两臂伸直侧举。

（1）变换步中上半拍，左脚向前，下半拍右脚与左脚并成自然位，同时两臂成一位。

（2）左脚重心向前移，伸向前做柔软步，右脚伸直向后点地，脚面绷直稍外，同时右臂前举，左臂侧举。之后换右腿做同样的动作。

2. 变换步动作要点

在变换步中要注意挺胸、抬头、收腹、立腰、提髋，步幅不宜过大，但也不能过小，重心移动要随着节奏的变换连贯自然。

3. 变换步练习步骤

（1）两手放在腰间，呈叉腰的动作，随后开始做慢动作练习，身体重心的移动随节拍变换。

（2）变换步随着正常节奏进行练习。

（3）在练习变换步时还可以配合手臂动作进行练习。

（4）在熟悉普通变换步的基础后，可以学习变换步中难度大一点的举腿、转体和跳等动作。

（五）华尔兹步

华尔兹步用三拍完成，在进行华尔兹步时，尽量采用3/4拍的华尔兹拜曲。

1. 华尔兹步动作方法

预备姿势为两脚并立提踵，两臂伸直侧举。

（1）左脚向前伸，脚尖自然过渡到全脚掌着地，做一次柔软步，落地时膝盖稍微弯曲，重心在两脚之间依次变换。

（2）右脚开始向前，脚面和膝盖绷直向前伸出，身体重心落在前脚掌上，由脚尖过渡到全脚掌着地，重心随之前移，做两次足尖步。当做到三拍动作时，可以配合左臂动作做一次波浪。

2. 华尔兹步动作要点

摆动的动作和转身的动作要连贯，不能分开，步幅不宜过大，也不能太小，动作起伏要保持流畅。

3. 华尔兹步练习步骤

（1）两手放在腰间，成叉腰动作，用慢速度进行练习，体会三步的连贯性。

（2）在基本掌握华尔兹舞步后，可以配合手臂动作进行练习。

（六）波尔卡步

波尔卡步用两拍就能完成，是一种轻快活泼的舞步，在做波尔卡步时尽量采用2/4拍音乐。

1. 波尔卡步动作方法

预备姿势为自然站立，两手叉腰。节前右腿小跳，同时左腿伸直向前下方伸出。

（1）上半拍，左脚向前一步，膝盖稍微弯曲，下半拍右脚向前蹬地，右脚向前一个并步跳。

（2）上半拍，左脚向前一步，下半拍，左脚原地小跳，同时右腿伸直向前下方伸出。

2. 波尔卡步动作要点

波尔卡步是单足弹跳步，可以前进、后退或旋转，小跳连接并步跳，在这一过程中衔接要快速连贯，上体随着出脚的方向左右倾斜，并稍转体。

3. 波尔卡步练习步骤

（1）在练习波尔卡步前要先掌握节前小跳动作以及如何移动重心。

（2）两手放置腰间呈叉腰动作，学习并步跳。

（3）两手放置腰间呈叉腰动作，跟随节奏慢速度练习，并随节奏的变化，逐步加快至正常速度。

（4）熟练掌握波尔卡步后，可以跟随节奏配合各种不同手臂动作进行练习。

（七）碎步

在基本舞步中，碎步又被称为花邦步。

1. 碎步动作方法

（1）首先要正步站直，要挺胸抬头、立腰拔背，注意姿态，两手放在腰间，成叉腰动作。

（2）跟随节拍，最好先原地碎步，半拍一步。

（3）向旁走动时，小步均匀地向左、向右、向后等，在任意方向都可以跟随节进行移动。

（4）注意膝关节和小腿要放松，上身注意保持平衡，移动时上身不能抖动，注意保持动作的平稳和连贯。

2. 碎步训练步骤

先做向两旁的，再做向后、向前的或圆圈的，初学时可一拍走两步，在熟练后可一拍走四步。速度逐步加快，然后配合手的动作和眼神、身体律动的综合练习。

（八）圆场步

在舞步中，圆场步是步法动作的基础。

1. 圆场步动作方法

（1）正步准备，做动作时单山膀，一手叉腰，双腿伸直，大腿靠拢。

（2）右脚勾脚向左脚的脚尖前上一步，注意右脚跟先着地，其中的规律是前脚脚跟、后脚脚掌，在进行上步移动时，可以慢做，也可以快做。

（3）在做动作时，大腿夹紧，上身决不能前后摆动、上下颠伏，一定要保持平稳。

（4）圆场步步幅一定要大，在做动作时，身体力度要调整好，既不能僵硬，也不能松懈。

2. 圆场步训练步骤

（1）圆场步训练对腿的灵活性训练有很大的帮助，进行圆场步训练时，做慢步，在对慢步熟练后，可以进行快步，最后可快慢交替进行练习。

（2）在进行圆场步训练时中速最为适宜，舞步不受节拍限制，但必须跟随音乐的节奏进行。

（3）在圆舞步中，行走路线有多种变化形式，如果从大圆圈练起，那么每次变换路线的方向都要与头和手的方向配合一致，不能与律动不协调。

（九）云步

在舞步中，云步又被称为双脚辗步。

1. 云步动作方法

（1）小八字步准备，将双手放置身后。

（2）做动作时，一脚用脚后跟，一脚用前脚掌，同时向一个方向辗动，保持在正反八字步上进行。

（3）在移动时双腿力量要均衡，膝盖要放松，不能僵硬，上身要在移动的过程中保持正直、平稳。

（4）双手放在腰间，呈叉腰的动作，在掌握了脚的基本步法后，根据需要可以加入手的其他动作进行练习，但是在做正步辗动时，臀部和胯要保持平衡，不要左右摆动。

2. 云步训练步骤

（1）一拍辗一次双晃手，4拍一次。

（2）一拍辗两次双托掌，8拍一次。

第三节　体育舞蹈形体与体能训练

一、体育舞蹈形体训练概述

（一）形体训练的概念与功能

1. 形体训练的概念

形体训练是一项比较优美、高雅的健身项目，主要通过舒展优美的舞蹈基础练习，塑造人们优美的体态，培养高雅的气质，纠正生活中不正确的姿态，可以说它是所有运动项目的基础。

形体训练是以人体科学理论为基础，通过徒手或器械来进行训练，运用科学合理的方式方法以改变身体原始形态为目标，以增强可塑性为目的。通过各种身体训练促使身体动作各方面协调发展，增强自我表现力、增进健康、塑造形体美与仪态美、陶冶情操，它是有目的、有计划、有组织的科学训练体系。

2. 形体训练的功能

形体训练是根据人体生理结构特点进行科学合理的训练的体系，有自己独特的运用规律和本质特征，在社会生活中，发挥着独特的功能和作用。具体来说，形体训练的社会功能包括：增强体质、愉悦心灵、增进交流、陶冶情操、提高自信、美化社会。

（二）体育舞蹈形体训练的原则与作用

1. 体育舞蹈形体训练的原则

（1）全面锻炼原则

在进行体育舞蹈形体训练时，只有坚持身体综合锻炼，加强不足部位训练，才能达到训练的目的与效果。若忽视整体的全面性，活动单一，只发展身体的某一部分，势必导致身体片面发展，造成某些部位、器官系统、身体素质和肌体能力的薄弱，易造成运动损伤以及危害运动员或学生生命安全。

（2）循序渐进原则

参加体育舞蹈形体训练要有恰当的生理和心理负荷量。训练的效果，在很大程度上取决于对身体的刺激程度，太弱的刺激不能引发机体功能的变化，过强的刺激不仅不能增强体质、改善体型，相反还会造成运动损伤的出现。因此，训练时一定要注意循序渐进。

（3）科学性与针对性原则

在各个年龄段进行体育舞蹈形体训练的内容各有不同，特别是在人一生中身心发展的关键时刻——青春期，更需着重注意。在体育舞蹈形体训练内容层次上，应与练习者年龄阶段的心理和生理发展的规律、身体素质、形态控制能力的现状和发展要求相适应。确定形体训练内容要注重系统性，逐步提高体育舞蹈形体素质和技能要求，同时也要注重体育舞蹈形体科学发展的新内容。

（4）理论指导与实践相结合的原则

体育舞蹈形体训练以培养良好形态的身体练习为主要特征，但也必须重视形体训练基础知识的学习。运动员和学生只有在掌握和确立良好形态的原理和方法，并在熟练运用人体相关知识的基础上，才能具备提高保持良好身体形态的能力。

2. 体育舞蹈形体训练的作用

（1）有利于提高表现力

体育舞蹈是一项极具观赏性和展示个人表现力的项目，要有强烈的表现力和表现欲才能带动整个运动过程。体育舞蹈的表现力主要体现在完成动作过程中身体姿态的优美性，突出其动作的美的感觉，而形体训练的意义恰恰在于塑造学生外美内秀的良好气质，提高形体美感。气质是一个人外在美和内在美的综合表现。

气质反映了一个人的精神面貌，外在美具有先天性，内在美则通过后天不断学习而逐步形成。形体训练在外形上培养学生的优美姿态，在潜移默化中培养学生的个性，优雅的气质于无形中形成，可见表现力也是形体训练的目标之一。

在体育舞蹈教学中适当加入形体训练，可以达到事半功倍的效果。在体育舞蹈的学习中高雅的气质与优美的动作的完美结合，能使体育舞蹈的艺术性和表现力更加突出，从而提高体育舞蹈的学习质量。

（2）有利于提高身体的控制能力

体育舞蹈对动作的脚法、步伐以及肢体的准确性都有着严格的要求，因此，学习者的身体控制能力（"自控"）要强。姿态的控制能力是决定动作优美的关键，如在"华尔兹"基本舞步的前进练习中，虽然两个学生的前进步幅相同，但是其中一个学生耸肩，另一个学生沉肩，前者给人萎缩、动作不舒展的感觉，后者给人一种优美、挺拔的感觉。再如"快步舞"中的并足跳，两个学生的高度和腿的开度都合乎规定。但其中一个学生出现耸肩、勾脚、表情不自然等毛病，而另一个学生身体各部分控制得都很好，姿态优美得无懈可击，优胜者肯定属于后者，若后者在动作"高度"和"开度"上略差，但姿态优美，则仍为人们所称赞，因为它不失为一个舞姿，容易使人接受，能给人以美的感觉。而姿态优美与否，主要就表现为肢体控制能力的强弱。在教学中发现，很大一部分学生在做动作时，主观想完成好动作，自己也力求把每个动作都做得优美一些，但由于缺乏对控制能力的训练，事倍功半，而形体训练中的许多练习能有效地提高和增强学生正确地掌握身体平衡及躯干、腿的控制能力，在体育舞蹈教学中通过下肢、手臂、躯干以及身体其他部位正确的感知觉练习，逐步找到规范动作的本体感觉，使练习者体会到正确的舞蹈姿态所必需的肌肉感觉，从而提高练习者的自我判断能力和控制能力，逐步建立正确的记忆，并养成习惯。

（3）有利于提高柔韧性

体育舞蹈中的动作要求舒展、大方、幅度大。学生的动作幅度与柔韧性有关，柔韧性是姿态美和动作美的关键，又是增加动作幅度的基础。柔韧性是通过关节的运动幅度，也就是按一定的运动轴产生转动的活动范围而表现出来的，只有具有良好柔韧性的学生，才能潇洒自如地把每个动作都发挥到极限，动作姿态、柔韧素质在很大程度上影响动作质量和技术水平。而通过形体训练提高柔韧性，能够进一步满足体育舞蹈对动作幅度的要求。形体训练中压肩、拉肩、下桥，体前、侧、后屈，压腿、控腿等练习能提高人体的柔韧性。长期进行柔韧性练习能改善和提高关节的灵活性，增强肌肉力量、关节的弹性和伸展能力，而加大动作的幅度、稳定性伸展练习还有利于改善肌肉的协调能力，提高肌肉的行为能力，增进肌肉群的放松，减轻运动后的肌肉僵化，抵消因锻炼肌肉粗壮限制运动效果的可能性。可见，在体育舞蹈课中加强形体训练的柔韧性练习，可使动作更规范，身体姿态更优美，使学生更好地发挥自己的表现力。

（4）有利于增强学生的艺术修养并促进学生对舞蹈动作的掌握

体育舞蹈艺术化是体育舞蹈的发展趋势，其中，音乐和舞蹈修养是其艺术化的具体表现。音乐是舞蹈的灵魂，也是形体训练的灵魂。音乐能够传达人的思想感情，是展现生活感受的一种表现性艺术，是一种高雅的艺术形式。体育舞蹈教学中的形体训练可以使学生感知音乐，使学生的舞蹈能力逐步得到提高。在课堂上如果学生的情绪融入音乐的意境当中，身体就会随之舞动，而这种活动的幅度和力度较无音乐状态下的活动要大得多。因此，通过形体训练，不仅可以发展学生身体的协调性、柔韧性、灵活性，培养学生良好的身体姿态，而且还能够提高学生的表现力、创造力、鉴赏力，陶冶情操，对促进学生全面的发展有着重要的作用。

（三）体育舞蹈形体训练的类型

体育舞蹈形体训练主要是针对身体各部位的专门练习，可促进骨骼的生长发育，改进身体各部位围度的比例，使身体的外部线条更趋优美、圆润。

1. 形态训练

体育舞蹈与一般的艺术舞蹈存在着一定的差异，在形态训练方面，主要是训练身体局部部位，形态训练有多种训练方法，其中较为常见的有头颈部、提肩与沉肩、手臂摆动等训练。

2. 姿态训练

姿态训练是体育舞蹈训练的重要部分，其中基本站姿的训练是首先考虑的训练项目。当然，不同的舞蹈，站姿训练的方法有所不同。如拉丁舞，要求学习者将双脚靠拢，自然站立，脚尖稍微朝外侧打开，要求大腿、小腿的腿部肌肉朝反向拉紧，身体的重心放在脚心的垂直线上，膝盖绷直。身体不变形是其他所有技术动作的基础。而标准舞要求学习者自然站立，双脚放平，保持膝盖的自然放松，身体躯干笔直并稍微前倾，身体的重心则是放在前脚掌上，要使得从腰部到脚掌大拇指有拉长感。

姿态训练的主要目的就是训练学生每个身体部位的原始形态，以便提高其动作的协调性和灵活性，规范站姿、坐姿、走姿。姿态训练不仅能够提升气质，而且还能够通过舞蹈过程中的身体舞动表现外在美，所以，这是一种综合的训练方式，姿态训练需要有科学合理的训练方式，能够帮助体育舞蹈运动员打好舞蹈基础，形成个性鲜明的舞蹈风格，更有助于提高舞蹈动作的优美性。

3. 气质训练

进行体育舞蹈形体训练，有助于改善运动员的体态，增强审美意识，培养创造美的思维，提高其发掘自我、适应环境、表现自我的能力，形成良好的气质。

二、体育舞蹈专项形体训练

（一）古典舞形体训练

1. 手脚基本形态训练

（1）基本手型

①兰花掌

食指至无名指挺直，虎口收紧，拇指与中指相贴。

②虎口掌

虎口张开，食指至小指伸直并拢，掌的外侧发力。

③握拳

食指至小指并拢向掌心弯曲呈空心拳，拇指内屈紧贴食指、中指。

④实心拳

食指至小指并拢向掌心弯曲呈实心拳，拇指内屈紧贴食指、中指。

⑤单指

食指挺直，拇指与中指尖在掌心前相搭，其他二指自然弯曲。

⑥剑指

食指与中指伸直并拢，拇指与无名指在掌心前相搭。

（2）基本手位

古典舞的基本手位，如图 2-3-1 所示。

①山膀位

臂侧平举内旋，肘微屈，扣腕，指尖向前。

②按掌位

掌心向下按于体前，屈肘。

③托掌位

臂上举，掌心向上托起。

④提襟位

臂内旋，手握拳置于髋前。

⑤扬掌位

臂斜上举，掌心向上。

⑥顺风位

一手在山膀位，另一手在托掌位。

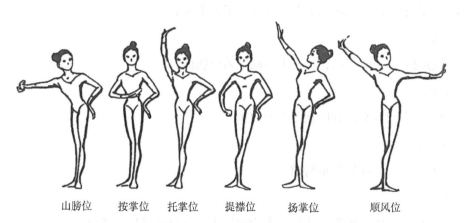

山膀位　　　按掌位　　　托掌位　　　提襟位　　　扬掌位　　　顺风位

图 2-3-1　古典舞基本手位

（3）基本脚型

古典舞的基本脚型，如图 2-3-2 所示。

①勾脚

脚趾并拢，拇趾带动脚腕用力向上勾。

②绷脚

脚趾并拢，脚背绷起。

③摳脚

脚趾并拢，在绷脚的状态下，踝关节向内横摆。

勾脚　　　　　　　绷脚　　　　　　　摳脚

图 2-3-2　古典舞基本脚型

2. 基本动作训练

（1）单手动作

①撩掌

手心向下，以手腕带动手臂从体侧由下向上撩起。

②盖掌

手心向下，手臂弯曲，从头上方向下盖至胸前。

③切掌

动作基本同盖掌，其区别是手心向里。

④端掌

手心向上，从体侧端至胸前。

⑤分掌

手心向下，以手腕带动手臂，由胸前经头上方分开呈扬掌或向下落下。

⑥穿掌

动作基本同分掌，其区别是不以手腕带动，而是手指向上方时，快速翻腕呈手心向上。

（2）双手动作

①云手

右手掌心向下，在胸前由外向里平划半圆，手臂由直到屈，同时，左手掌心向上，在右手下由里向外平划半圆。之后，两手在胸前交叉，使右手在下，左手在上。接着，左手向左推成左山膀，右手收至胸前，此后，右手掌心向下，向右推成右山膀（图2-3-3）。

图2-3-3　古典舞云手姿势

②双晃手

双手掌心向下，以手带臂，由下向上绕动一周，随着手臂的绕动，头和身体也随之轻微晃动。

③小五花

小五花是用手腕带动手掌做缩小了的云手动作。双手在胸前交叉相靠，右手在上，以腕为轴，右手向里，左手向外，转成手心相对，继续转成左手在上。连续做小五花，在做完第一个动作时，右手翻腕成手心向下，同时左手快速地从右手内侧穿过去，手心相对，手腕仍相靠，然后做第二个动作（图2-3-4）。

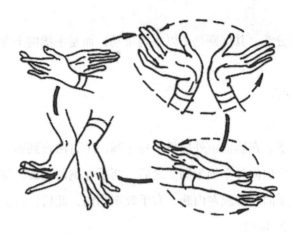

图 2-3-4　古典舞小五花姿势

（二）拉丁舞形体训练

1. 手的基本动作练习

手心向下，五指岔开，大拇指稍向上、向外，虎口张开约 90°，中指尽量向下压，小指与食指稍向上翘。

2. 手位练习

（1）动作要求

手臂运动是身体内力的延伸，从肩膀、肘关节、手腕至手指由大关节带动小关节依次运动，注意用身体内部气息来指示手臂动作。

（2）动作难点

运用身体连接点（肩关节），运用背部肌肉完成动作，应感觉手臂很轻。

（3）手臂各位置动作

一位：侧举。

二位：侧上举（纽约步时多使用）。

三位：弧形前举（转体时多使用）。

四位：一侧前平举，一侧侧平举。

五位：弧形上举（曲棍步时多使用）。

（4）脚位练习

两脚跟并立，脚掌打开约 1/16，脚踝和膝盖尽量向内并拢，重心在一侧时，主力腿保持并立姿态，动力腿脚踝打开，大脚趾着地，将大腿和小腿内侧线条拉长。

3.标准舞形体训练

（1）身体重心升降练习

①预备姿势

直立，双臂呈芭蕾一位手姿势，收腹，立腰，提臀。

②练习方法

1—4拍，双膝由直立经半蹲到立踵站立，同时两臂经体侧左臂摆至前平举，右臂摆至后平举，上体右转1/8转，下颌微抬，胸部向后打开。

5—8拍，双膝由立踵站立经半蹲还原到立踵站立，同时两臂下降经体侧，左臂摆至后平举，右臂摆至前平举，上体左转1/8转，下颌微抬，胸部向后打开。

③注意事项

身体重心升降练习是训练脚踝和下肢力量的最好方法，利用此练习克服自身体重形成的阻力，从而达到提高踝关节和大小腿肌肉力量的训练目的。

（2）身体稳定性与控制练习

①预备姿势

直立，双臂垂于身体两侧，收腹，立腰，提臀。

②练习方法

1—4拍，左腿为主力腿支撑身体重心，由直立经半蹲到立踵站立，右腿作为动力腿向上摆至前平举，右膝呈135°；同时两臂经体侧左臂摆至前平举，右臂摆至后平举，上体右转1/8转，下颌微抬，胸部向后打开。

5—8拍，左膝由立踵站立经半蹲还原到立踵站立，右腿向下摆动至后平举，右膝保持135°，同时两臂由平举下降经过体侧，左臂摆至后平举，右臂摆至前平举，上体左转1/8转，下颌微抬，胸部向后打开。

2×8拍的节奏中可换脚循环1×8拍的动作进行练习。

三、体育舞蹈体能训练

（一）体育舞蹈体能训练的理论基础

1. 用进废退学说

早在 19 世纪初，法国生物学家拉马克就提出了"用进废退学说"，其中心论点是：环境变化，使得生活在这个环境中的生物，有的器官由于经常使用而发达，有的器官因为不用而退化。这些变化了的性状（后天获得的性状）能够遗传下去，久而久之就会形成新的物种。由于当时生产水平和科学水平的限制，因此拉马克在说明进化原因时，把环境对于生物体的直接作用以及获得性状遗传给后代的过程论述得过于简单化，以致成为缺乏科学依据的一种推论，并且他错误地认为生物天生具有向上发展的趋向，以及动物的意志和欲望也在进化中发生作用。但是拉马克的"用进废退学说"显示出两个思想：第一，身体常用的部分会变得更大更强壮，当有些部分不用时则退化；第二，生物可通过遗传取得原生物的特质，又可透过子代获得变异将已有特质遗传下去，且后代能经过变异进一步优化。这是值得体育运动科学选材时关注的重要议题，对于体育舞蹈进行体能训练也具有重要启示意义，体育舞蹈选手的机体能力和运动素质是在长期的训练中逐渐形成和提升的，必须坚持进行全年和多年系统而全面的体能训练，这一点对于体育舞蹈的综合发展提高是非常重要的。

2. 木桶理论

管理学中有一个被人们熟知的"木桶理论"，指的是整体水平取决于各项具体能力中最弱的一项，就像一只木桶，装水的容量最多只能达到所有挡板中最短的挡板的高度。把管理学中的木桶理论运用到运动训练领域，对于体育舞蹈运动训练的启示就是：虽然传统的体育舞蹈训练方式是以提高运动员的技能水平为主，但随着当代国际体育舞蹈竞技水平竞争的日益激烈，运动成绩不完全取决于选手技能水平的高低，还取决于选手的综合竞技能力，体育舞蹈的体能训练与技术训练、智能训练、心理训练都是体育舞蹈运动训练的组成部分，这个整体就构成一个盛水的木桶，各要素就是构成木桶的挡板。要想"木桶"盛更多水，就要对各个挡板进行加长，这就意味着，要对选手的体能提出更高的要求。

3. 训练恢复理论

运动训练学专家的研究表明，人体机能的能力和能量储备由负荷后暂时下降和减少的状态回复到负荷前水平的过程，称为恢复。在恢复过程中，能源物质的补偿在一段时间内超过原有水平，这种现象叫作超量恢复。超量恢复持续一段时间后再降回到原有水平，即完成了训练负荷后恢复的全过程。在一定范围内，运动负荷越大，消耗越剧烈，恢复过程就越长，超量恢复也越明显。正是由于运动训练能引起超量恢复效应，使得选手竞技能力的提高成为可能，并为之奠定了物质基础。运动训练中体能训练的恢复并不是满足于恢复到先前水平，而是要追求超量恢复。

（二）体育舞蹈体能训练的原则

体育舞蹈体能训练要达到目的，在执行过程中必须遵循既定原则，对于这些原则的确定也是要经过相应的求证与实践的总结，通过多年从事体育舞蹈专业教学，在体育舞蹈体能训练过程中，教师必须围绕其基本准则进行体能训练。

1. 从实战出发原则

体能训练内容包括一般体能训练和专项体能训练。结合体能训练的内涵，从实战出发原则是指体能训练具体内容的安排要符合比赛时的特点，针对比赛的套路及需要，把套路分解成单个的动作，根据每个动作所需要的不同要素进行训练，再把这些要素集合起来进行训练，进一步把有联系的动作串联到一起，分段进行训练，达到一定程度再完成成套的训练。同时注意完成成套动作时的要素，然后舞伴之间配合进行训练。舞伴之间的配合要默契，力量之间的传递要融为一体，看不出有丝毫的停顿以及用力的痕迹，一切都像自然天成的一样。同时，竞技展现能力是针对单个动作、组合动作或成套动作进行竞技能力的展示，一切从实战的需要出发，这样才能达到比赛时所需要达到的要求。

2. 循序渐进原则

选手运动成绩的提高过程，是人体参与运动的各个因素遵循自身改善功能的规律协调发展的结果。在体育舞蹈体能训练中，遵循循序渐进的训练原则，就要做到在训练过程中体能训练的动作安排结构要从易到难，训练量要从少到多，训练强度要从小到大，训练时间要从短到长。这个原则不但要体现在多年体能训练计划的安排中，也要体现在年度训练和周期训练中。

影响循序渐进效果的关键是训练的系统性，包括训练方法、手段的系统性，增加训练负荷和提高训练强度的系统性，整体训练水平的逐步提高的系统性等。体育舞蹈运动训练实践证明，保证选手训练的系统性，关键在于教练员对训练过程的科学控制以及实施能力。

体能训练合理运动负荷的安排直接关系到选手竞技能力的提高程度，因此，在训练过程中如何掌握运动量与运动强度，设计体育舞蹈特有的训练内容，使选手能够尽可能轻松自如地承受体育舞蹈独特的运动强度至关重要。

3. 体能训练和技术训练相结合原则

任何项目的体能训练都是围绕技术进行训练的。可能在训练初期的时候，体能训练与专项技术训练的结合不是很紧密，但是随着训练的深入与发展，专项化程度的提高，体能训练与技术训练的关联程度会越来越紧密，所有的体能都是为了技能的更好发挥，在完成成套动作过程中，无论动作如何复杂多变，整个身体都要控制在正确的位置上，这种身体位置的正确性就依靠好的体能做保障，即使在长时间的复杂多变的步伐组合过程中，整个身体的正确姿态也不能破坏，为此，选手必须有扎实的体育舞蹈专项体能，才能保证出色掌握专项技术。在体育舞蹈训练过程中，体能训练与技术训练紧密结合是一大突出特点。体育舞蹈训练程度越高，这种结合程度也越紧密。因此，体育舞蹈体能训练应具有鲜明的专项特点，只有体能训练与专项技术相结合，才能真正达到体能训练的目的。

4. 系统性原则

根据目前体育舞蹈的发展趋势，提高体育舞蹈选手的体能水平迫在眉睫，体育舞蹈选手的能力和运动素质是在长期的训练中逐渐形成和提升的，必须进行全年和多年系统而全面的体能训练，而合理安排体育舞蹈体能训练的周期、内容、方法以及运动负荷等是系统训练的基础，体能训练要贯穿体育舞蹈整个训练周期的始终。随着训练的深入与发展，专项化程度的提高，体能训练也需要不断地改变训练手段并加大体能训练的负荷量和负荷强度，以形成层层叠加的训练累积效应，最终完成系统训练的规划。

运动训练理论与实践证明，只有在体能训练具有系统协调发展的背景下，整体机能水平才能提高，才能不断为提高运动技术水平打下坚实的基础。

5.区别对待原则

选手的个体差异是客观存在的，在训练实践中必须予以充分重视。在体能训练中，区别对待原则是指根据项目的特征和个人的特点有针对性地确定训练任务，选择训练方法、手段及训练负荷。因此，在选手训练过程中，要充分发挥选手有利于专项运动能力提高的个人特点，逐步改善不利因素带来的影响并将其控制到最小，利用整体协调的训练，把个人特点与专项训练、身体训练科学地融为一体，最大限度地挖掘人体体能的潜力。目前，高水平体育舞蹈竞赛就是比拼选手各自的风格，在比赛中要扬长避短、突显自己的长处，就要做到尊重个体差异，区别对待。在体能训练过程中，也是要根据选手的肌肉类型进行区分，比如有的选手白肌纤维占较大比例，选手的速度及爆发力表现就比较好，在训练中保持其速度及爆发力的同时，要加强对选手的力量及速度耐力训练；有的选手红肌纤维占较大比例，选手的耐力素质就比较好，在训练中提升其耐力的同时，要着重加强对选手的速度及爆发力的训练。

6.反馈性原则

在体能训练过程中，教练员必须保证及时获取选手体能训练的最新反馈信息。如果不能及时获取，就会使对体能产生作用的训练信息偏离发展方向或延误时机，给整个体能系统带来不利影响或造成直接损失。要实现选手在竞争环境中的有效制胜因素——体能水平的全面提高，必须保证反馈信息的及时性与全面性。不仅包括选手在训练时的体能水平，而且还包括在训练后的恢复状况。同时，对选手成长过程中各项生理指标的监控及反馈，不仅有助于选手了解自己的体能状况，而且对于以后选拔优秀选手也有借鉴作用。

反馈性原则的应用有赖于体育舞蹈体能训练过程科学化程度的提高，在训练中可以引进智能计算机及其科学仪器，提高体育舞蹈运动训练的科技含量，这对于促进训练科学化也具有相当重要的意义。

（三）体育舞蹈专项体能训练

1.体育舞蹈专项体能训练的概念与特点

（1）体育舞蹈专项体能训练的概念

从身体活动对运动员舞蹈竞赛成绩影响效果的角度来看，可以把身体运动分为常规体育和专项体育。其中，常规体育指的是所有体育项目都应该达到的基本能力。舞蹈专项体育则用来提高运动选手成绩，协助他们改善生理机能和身体素质，以确保用良好的表现来体现舞蹈美感。而体育舞蹈专项体能则是根据运动舞者特性来改善运动选手在舞蹈动作上的身心机能，也是运动舞者在平时练习中缺少的一部分。

（2）体育舞蹈专项体能训练的特点

体育舞蹈专项体能训练的基本特性，主要是由舞蹈运动员的人体机能特点、身体素质和身体形态特征组成的，其中人体机能特点指的是人体各个系统和脏器的核心功能特点。此训练是衡量人体练习负荷能力的最主要方法。人体不同部位所能承担的负重能力越大，就越能更充分地展开舞蹈动作，从而更好地进行训练任务。体育舞蹈也具备了芭蕾舞艺术的一般特点，如抒情虚拟等，但其也具有自身的特殊性。国外体育舞，又称"国际标准交谊舞"，顾名思义，就是有一些规范标准的舞蹈，而国际体育舞蹈的规范中所涵盖的内容也十分丰富，大致分为：

①舞蹈角度方向、体位、运步等的规范性。体育舞蹈规则要求舞者的舞蹈动作都需要绕舞池逆时针方位转动。目的是防止互相冲撞，增加舞场容量。在体育舞蹈中，对每一个舞步动作的位置、运步方位和在其中旋转的角度，也都一一做了比较严密的规范。对不同舞步种类也规范了不同的运步方式，如华尔兹的基本步有向前后退步、左右横拉步等。

②舞蹈风格与服装的规范性。体育舞蹈对各个舞种的风格、节拍、速度和时值做了明确规定。

2. 体育舞蹈专项体能训练的内容体系

体育舞蹈中专项体能的练习，是运动技能练习的理论基础与保证，它对于掌握专门技术工作技能，承受较大负荷的运动练习和激烈的比赛，对于增进运动员身心健康、预防受伤和延长运动寿命等都有着至关重要的意义。所以，针对体育舞蹈项目特点，要根据体育训练理论构建体育舞蹈运动员专门技术体能训练的内容系统，包括体育舞蹈运动者所需要的竞技基础的练习、根据运动项目特性而提供的其他练习内容等。此外，锻炼内容的重要因子还有专门能力、专门耐性、专门反应速度、专门柔韧性、专门协调力；影响专门体力的其他因子还有控制、协调能力和表现力（图 2-3-1）。

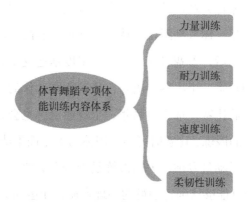

图 2-3-1　体育舞蹈专项体能训练内容体系

（1）力量训练

力量练习是体能训练的基石，而专项能力的锻炼直接影响着身体新陈代谢过程及其对力量的转换，不只是培养专项技术能力的基石，也是运动员们掌握体育技能的关键，已成为评判运动员身体素养的关键指标。体育舞蹈并不是一种使用蛮力的体育运动形式，更强调健身的技能，而运动舞蹈的精华就在于运动员对力量的把控、对节拍音乐的协调、对力量和速度的精妙组合。在保证高难度动作完成的前提下，运用人体的柔韧与平衡，能够展现出优美的舞步。在运动舞蹈中速度和力量相结合产生的动能，是肌肉发力的物质基础。而这些力量主要包括在运动时的向心力做能和离心力做功。体育舞蹈选手运用对不同肌肉群和关节的控制，使肌肉收缩产生对抗，从而取得速度、力量的变化完成动作，提升运动的美感。一个完整的舞蹈动作的成型必须经过千百次的练习，形成肌肉记忆，才能得到。

（2）耐力训练

一名出色的体育舞蹈运动员必须拥有超乎常人的耐力，能够面对强烈的练习，能够高质量地进行各类复杂而富有高难度的舞蹈动作，才能在极短距离内完成高负荷的技术强度。而且体育舞蹈项目中大多数动作都是变化幅度很大的，所以体育舞蹈选手在比赛中获得优异成绩，不仅取决于其对动作技术的熟练和反应速度的掌握，同时也和个人专项训练直接相关。众所周知，体育舞蹈舞种多、竞赛赛程安排紧密，不同比赛场次的间隙较短，运动员在顺利完成每一个动作的同时，还必须时刻保证完美的人体曲线以及永不停止的舞步。为了更好地应对舞台变化和调整身体状态，体育舞蹈运动员要学会将有氧与无氧耐力训练相结合，以便于保持协调灵活的舞步。体育舞蹈比赛技术组合很少有静止的时间，当一组又一组的高难度动作进行之后，参赛者就已经最大限度地透支了人体机能。而且参赛者还必须面临随后的复赛、半决赛、决赛，各种舞蹈动作的进行都是对人体机能与毅力的挑战。越往后比赛，选手越紧张，全身疲惫感也会越明显。所以如果前期没有做好专项耐力的锻炼，比赛时可能会因体力不足而不能更好地完成后续比赛。

综上所述，对运动员专项耐力的锻炼是十分有必要的，耐力的锻炼不但能够提高身体素质，而且能够增强运动员的心理素质，让运动员表现得更为坚毅顽强。这决定了参赛选手是不是能在最好的竞技状态下做出参赛的表现，是不是能自由而充满思想感情地和舞伴、评委开展交流，是不是能时时处于愉快而具有活力的精神状态，这些都是决定参赛选手最后竞赛成绩的重要因素。

（3）速度训练

反应速度主要包括选手对动态进行的快慢及其在各个动态间变化的快慢，因为运动舞者往往是将许多个不同动态与舞蹈表演身段连接起来的，而一个完美的舞蹈表演技术组合往往是建立在娴熟的舞蹈表演技能动作上的。因此，体育运动舞蹈也十分考验运动员的临场反应技巧与感染力，需要运动员不管在何种状况和条件下都能呈现出最精彩的自我。反应能力也和运动员的专项速率、反应敏捷程度、动态的收放快慢，乃至动态的变化幅度频率等相关。但由于运动舞者动作往往伴随着高强度的技能动态，而反应速度的快慢程度和动态间配合的快慢程度则是评判一名跳舞运动员成绩是否出色的关键标准。许多教练员也会将对运动员反应速度的训练当成培训的主要内容。当然，不同的舞种对反应速度的要求也不尽相同，比如摩登舞中的快步跳舞、拉丁舞中的牛仔舞，不但需要运动员能够掌控好反应速度和爆发力之间的音乐节奏，而且还需要舞伴之间的协调和转换，同时还要能做到面部表情轻松地完成表演。

（4）柔韧性训练

舞蹈类的体育运动本来就对人体的柔韧素质要求格外地高一些，对运动舞者来说，自然也不例外，甚至要求还要更高。人体柔韧素质更好的选手，通常都可以顺利完成更困难的动作，并拥有更好的人体协调能力，对人体产生最低程度的伤害。而柔韧素质又与人体肌腱及关节运动灵活性有关，与韧带的拉伸性能相关。这也与选手的后天力量训练有关，当然，运动员的天赋也相当关键。运动舞者表现出的柔韧素质一般是主动柔韧素质，而不是通过外力体现出来的，是借助人体肌腱的压缩、韧带的拉伸体现出的力量，如果把速度和力量充分融合，更会达到出其不意的效果。柔韧素质的练习在运动舞蹈中一直起着很关键的作用，越是高难度的舞蹈动作，对队员全身柔韧素质的要求也就越高。所以，若想在运动舞蹈项目方面更进一步，全身柔韧素质的练习也是至关重要的，全身柔韧素质的练习不但可以锻炼全身的协调力量，还可以让舞蹈舞步看起来更为优雅。但是必须注意的是，一定要在确保全身不受损害的前提下进行练习，而且锻炼前后需要先进行热身准备活动，把全身关节施展开来，这样才能避免出现拉伤。

第四节　体育舞蹈编排

一、体育舞蹈编排的理论基础

要想使体育舞蹈的编排技巧得到提高，需要对创编的理论基础有所认识，这也是改善教学效果、提高比赛成绩的前提。

（一）体育舞蹈创编的要素

体育舞蹈创编的要素有四个部分，分别是动作要素、节奏要素、空间要素、时间要素。

1. 动作要素

体育舞蹈有其基本动作，单个动作能够组合成成套的体育舞蹈动作，其中的单个动作就是组合动作的要素。创编时应当先考虑选择的动作，进而确定动作难度与艺术价值等。

创编的教学内容应以基本动作和指定步法为主，个人特点、掌握的基本技术应该在整套动作的创编中突显出来。对于特定的体育舞蹈比赛，其动作创编更倾向于指定步法的创新与变形，还要注意动作之间的巧妙连接，使组合动作更具表现性，具体表现为动作节奏、动作速度与强度的艺术性和竞技性。

当然，为了不使创编的动作超出学员极限，必须平衡分布难度动作，既要避免出现杂乱不整的动作，也要避免出现断节现象。

2. 节奏要素

体育舞蹈的节奏要素主要体现在教学、表演、团体舞中所用的音乐上，创编时尽量选择学员熟悉的音乐，虽然组委会是竞技比赛音乐的提供者，但舞种的节奏基本是固定的，因此在创编时选择音乐应当符合舞种的风格与节奏。

3. 空间要素

体育舞蹈的动作方向、路线及移动是空间要素的组成成分。在运行性的舞蹈中，都需要一定的方向路线，如桑巴舞、斗牛舞等，均是按照一定的路线逆时针行进，因此，为了使创编具有合理性，需要考虑舞蹈方向、场地大小、舞步行进距离等要素。而舞蹈的流动性则需要舞者通过合理移动来实现，这是丰富舞蹈内容的重要因素。具体来看，体育舞蹈的空间要素表现，如表 2-4-1 所示。

表 2-4-1　体育舞蹈的空间要素

组成部分	内　涵	具体表现
方向路线	用不同的方向和路线贯穿，或左右变化，或高低起伏，或前后移动	舞蹈的流向、舞步的行进距离、场地的大小等因素
队形的变化和移动	团体舞中的某一个动作必须通过某一个队形完成	常用的队形有直线形、平行线形、三角形、圆形、勺形、菱形、"V"字形、箭头形等

4. 时间要素

表演性动作的创编时间，相对比赛套路更为灵活，应当根据比赛时间的长短来创编体育舞蹈动作套路，时间要素包括入场时间、队形组合时间、退场时间三部分。

（二）体育舞蹈成套动作的创编与构成

创编体育舞蹈成套动作分为两种：一种是基本类型动作组合，另一种是提高类型动作组合。前者可以理解为基本技术和指定步法，它们的创编目的主要是应对教学、考试、训练，针对的对象一般为初学人员，如初级选手、低水平的习舞者。对此应当以指定步法为主，体育舞蹈动作的创编应当突出基本技术。

在更高组别的体育舞蹈活动（比赛、健身或表演）中，需要超越基本技术和指定步法的动作，这就是创编提高类型动作组合。

准确认识体育舞蹈成套动作的创编，就要对体育舞蹈成套动作创编的构成有所了解。

1. 难度数量和分布

根据选手参与的比赛级别及个人技术来决定体育舞蹈难度数量及其分布，这也是创编的根本出发点。创编应当避免难度过大、难度过小的动作，如果能保证安排难度数量的合理性，就能避免出现杂乱无章、不完整的成套动作，也不至于出现断节现象。

2. 均衡性

创编的均衡性主要讲究全部场地和方向的使用，这有益于体育舞蹈艺术表现力的增强。

3. 舞蹈风格

作为体育舞蹈成套动作创编的重要构成要素，舞蹈风格是每个舞种发挥特有魅力的关键，创编成套动作应该重点演绎动作风格。10 个舞种的舞蹈风格，如表 2-4-2 所示。

表 2-4-2　10 个舞种的舞蹈风格

舞　种		舞步风格
摩登舞	华尔兹舞（圆舞）	动作婉转多变，舞姿飘逸优美
	探戈舞	动作干脆利落，斜行横进，步步为营
	维也纳华尔兹舞	舞步运行旋转性强且欢快流畅，潇洒流畅，连绵起伏
	快步舞	舞步洒脱自由，包含动力感和表现力，圆滑流利
	狐步舞（福克斯舞）	舞步轻柔、圆滑、流畅，方位多变且不并步，韵味平稳大方、悠闲从容
拉丁舞	伦巴舞	柔媚、抒情、文静、含蓄、婀娜多姿
	斗牛舞	舞步干净利落、豪迈昂扬、强壮英武
	桑巴舞	舞步移动沿舞程线绕场进行，动作粗犷，富有强大的感染力
	恰恰舞	活泼欢快，幽默俏皮
	牛仔舞	舞步敏捷、跳跃，舞姿轻松、热情欢快

4. 个人风格

创编体育舞蹈应当将个人风格作为重要因素加以考虑。个人风格包括舞者身材、舞者技术、舞者表现力等，这些都是突出表演风格的要素。舞者的表演风格分为多种类型，一般可分为舒展大方型、活泼轻快型、柔情温柔型、奔放泼辣型等。

创编体育舞蹈动作时除了要注意以上内容外，还要扬长避短，尽量组合熟练的动作，也可以多次重复这些动作，使它们能在不同时间，从不同角度表现出来。

二、体育舞蹈的音乐编排

音乐和舞蹈动作的和谐统一与否关系到体育舞蹈的灵魂。体育舞蹈音乐能够激发出舞者的情绪，协调舞蹈动作的力度并起到完善的作用。体育舞蹈传播与发展的广泛性要求体育舞蹈音乐要适应教学与比赛表演的发展要求。体育舞蹈的音乐创编能够表现出体育舞蹈的个性特征，因此也受到教习双方的重视。

（一）音乐与体育舞蹈的关系

舞蹈与音乐是两种出现最早的艺术形式，两者的产生与发展几乎齐头并进，逐渐形成两种紧密相连的艺术形式。如《吕氏春秋·古乐篇》曾记载"葛天氏之乐"，其中"三人操牛尾，投足以歌八阕"展示了边歌边舞的盛况，也说明了音乐与舞蹈之间的密切关系。

舞蹈与音乐可以相互启发、相互促进，有的音乐能创编成舞，有的能启发舞者创作舞蹈，而有的舞蹈也能帮助音乐构思，并形成音乐。二者之所以能相互促进，是因为它们的韵律性、节奏性都很强，音乐能够赋予舞蹈更丰富、更具艺术感染力的内容，舞蹈则能使音乐内容具体化、形象化。舞蹈与音乐之间的关系具体如下：

1. 舞者，乐之源

在语言产生之前，人们用动作来表现情感与思想，抑或特定的动作形象，原始的舞蹈主要作为一种技能而存在，或强身健体，或传授劳动经验等。柏拉图曾经说过，"人类在语言表达不十分发达的时候，舞蹈是一种以手势讲话的艺术"[①]，最初的音乐形式如打拍子，在《尚书·尧典》中有"击石拊石，百兽率舞"的记载，再现了击、拊石器伴奏的情景。

---

① 程家跃. 浅论舞蹈的灵魂 [J]. 内江师范学院学报，2004，19（1）：3.

2. 乐者，舞之魂

体育舞蹈发展日益广泛，音乐也逐渐成为独立的艺术形式，内容与形式也逐渐丰富起来。音乐既能烘托出舞蹈氛围，丰富体育舞蹈的表现形式，还能给舞者带来更多的刺激，如直觉刺激，有利于舞者的舞蹈创编，能给舞者带来更多创编灵感。音乐已经成为体育舞蹈的重要元素，相当于灵魂的存在。

3. 乐中有舞，舞中有乐

音乐与体育舞蹈，一个是听觉艺术，一个是视觉艺术，它们既有自身的局限性与特殊性，却也彼此联系，有着不少共有特征，也就是说，乐中有舞，舞中有乐。

（二）音乐在体育舞蹈中的作用

音乐在体育舞蹈创编、动作设计的过程中发挥着很大作用。具体表现在以下几个方面：

1. 音乐能激发人的情感

舞蹈与音乐之间有情感的纽带，音乐本身具有的规律特点一方面能够表达出作曲家的思想内涵，另一方面还能使人更好地体验情感，使这种情感影响更深刻。

体育舞蹈的常用音乐或者出现频率较高的音乐主要来自一些世界名曲，如施特劳斯的作品。这些作品能够将音乐独特的背景与情感内涵充分展现出来，并能明显感觉出节奏的张弛度、节拍的强弱度。《蓝色多瑙河》《皇帝圆舞曲》就是其中的代表名曲，它们带动了华尔兹舞的流行，并使华尔兹舞"舞中之王"的地位得以确立。再如，拉丁美洲的打击乐配合拉丁舞，将舞蹈的神采飞扬、快速激烈的风格充分发挥出来，可见音乐对舞者情绪感染起到重要的作用。

就原因来说，主要在于音乐具有的穿透力与扩散力，能够强烈刺激舞者的生理、心理，使舞者的情绪得以升华。

2. 音乐能诱发舞者的灵感

"情动于中而形于外"是体育舞蹈的表现特点，因此说，体育舞蹈表达思想感情具有深刻性。除此之外，形与情之间还有意境这一中间层的存在，在意境中产生新的灵感，从情感方式上去理解和想象舞蹈音乐的旋律与节奏。一方面得益于人的神经中枢刺激听觉；另一方面这种刺激能够引发不同的心理反应，就是这种反应既诱发了人的联想，又将人的情感发掘出来，从而构成一种具有深邃想象力的体育舞蹈意境，在这种意境中，产生某种心灵感应，刺激人的想象。

3. 音乐能促进体育舞蹈的表现力

音乐是体育舞蹈的灵魂，体育舞蹈表现出的艺术力量有一部分就是来源于音乐带来的优美旋律、鲜明节奏及多彩风格。音乐的衬托是必要的，它是维持体育舞蹈魅力的生命元素。

在优美曲调、鲜明节奏的音乐伴奏下，舞者展示的舞蹈动作给人一种流畅而优美的心理暗示，让人享受美和陶冶精神。舞蹈动作能够将体育舞蹈的内在情感表现出多少，很大程度上取决于它们的表现力的强弱，而音乐是影响其表现力的重要因素。

音乐展现出舞蹈意境的力度能够提高表现力，这是由于体育舞蹈音乐不仅吐露出舞者的感情主线，还能感染观众，使观众由此产生某种共鸣，使舞者与观众处于同一意境之中，感受各种各样令人遐想万千的情感波动。音乐在促进舞蹈表现力这方面还能传达出微妙情感，尤其是只可意会、不可言传的感情。

著名舞者奥古斯托·西亚沃和吕恩·马利纳之所以能够受到观众的喜爱，一方面是因为他们拥有熟练的舞蹈技术和高超的技术动作；另一方面是因为他们能够充分将自己的舞蹈融合在舞蹈音乐中，而后者很明显具有更深刻的印象，以音乐为媒介，将音乐与动作形态联系起来，从而达到引起思想共鸣的效果。

乐感对于舞者来说是一个很重要的舞蹈元素，在体育舞蹈表演过程中，既不能将乐感表达过头，也不能没有任何音乐情感，也就是说要讲究表达的火候，如同京剧唱腔的"不瘟不火"，讲究表达情感的恰到好处。

教授体育舞蹈时，教师需要注意对运动员进行音乐节拍变化的培养，这能帮助运动员更好地"入境"，情感和舞蹈的艺术风格可以通过舞蹈动作表现出来，表现力的出色也源于此，这就是出色舞者所应当具有的才能，当然这种表现力并非一蹴而就、轻易获得的，而是需要经过刻苦训练，需要舞者认真体会的。

4. 音乐能加强动作记忆

舞者能够在训练中增强对动作的记忆，如动作的运动方式、运动速度等，尤其是在音乐的环境下，能针对各个音乐节拍动作所处位置与距离产生相应的记忆。开展体育舞蹈，需要舞者增强对舞蹈动作的记忆力。

虽然有很多这类方法，但是音乐旋律与节奏往往能发挥更重要的作用。在体育舞蹈练习过程中，音乐会对舞蹈动作的速度、运动方向及身体的各部分在移动过程中的行动产生影响。音乐提高记忆力的方式有两种，即"重现"和"再认"。

如果长时间不练习体育舞蹈，舞者就有可能忘记所有动作和体育舞蹈的队形，但是如果听到某种相应的体育舞蹈音乐，舞者就很容易想起曾经的舞蹈动作，这就是"再认"，这种作用对一些特别难记的动作也有效，这就是音乐加强动作记忆的一个重要方面。

5. 音乐对体育舞蹈动作具有重要影响力

音乐有一种控制体育舞蹈的功能，在不同环境下，舞者的舞蹈动作及动律会随着音乐节奏而产生相应的节奏变化，如快慢强弱、拉长缩短等变化形式。如表2-4-3所示，其中的"反其道而行之"的表达方式，通过截然相反的舞蹈与音乐表达，突出体育舞蹈和音乐的韵律。

表 2-4-3　相反的舞蹈动作与音乐内在

音乐表达		舞者的动作形式
情绪	乐曲	
平和	节奏悠扬婉转，旋律优美	舞者用静中疾驰、急速旋转表现
激昂奋进	乐曲节奏紧张，气氛激烈	舞者会用一些造型表示动作静止

举例来看，恰恰舞的"时间差步"就属于这种类型，通过这种动作处理方法，来实现快速节奏下动作的瞬间静止。伦巴舞也有"半拍动作"，具体是一拍音乐可以将两个舞蹈动作完成，即慢中出快的处理方式。华尔兹舞中犹豫步的处理也是如此。这种处理方法能给人以更加丰富的表现力和感官美。

（三）体育舞蹈的音乐创编

1. 体育舞蹈音乐素材的选择

符合体育舞蹈动作和风格是选择舞蹈音乐的出发点，同时选择的音乐素材还必须符合创编目的。筛选后的音乐伴奏可以将舞蹈个性特征突出出来，并能带动舞者体育舞蹈的开展。

传统的舞蹈伴奏音乐多是古典乐、舞曲、爵士乐、交响乐等，而随着一些新鲜元素的加入，伴奏音乐的内容与风格更加丰富，如民族民间音乐、电影配乐等，有些伴奏乐曲具有民族风格、地方特色，它们新颖独特，能够广泛地被人们接受。

2. 体育舞蹈音乐配乐步骤

（1）确定音乐目的、主题

选定主题是创编体育舞蹈的前提。教练员都是依据确定的舞蹈主题选择舞蹈，进而确定伴奏音乐和舞蹈服装。

举例来说，在第 4 届全国体育大会上，北京队进行团体拉丁舞比赛时就以民谣《茉莉花》为伴奏音乐，以此来展现拉丁舞的热情奔放。服装结合了嫩黄与雪白两种色调，如同美丽的茉莉花般，将古典与现代元素结合在一起，展现出丰富的东西方文化。而山东队根据舞者的年龄特点（其中有年龄较大的舞者，年近 70 岁），选定的音乐主题为《春常驻》，传达出的是积极向上、活泼阳光的人生态度。

体育舞蹈教学中需要注意，选用音乐时应当将学员水平考虑在内，初学者一般配以慢节奏音乐，主要为了培养信心与兴趣。在舞蹈技术水平提高后，舞蹈节奏就要随之加快，因为加快的音乐节奏能够激发出人的激情和活力，而减慢的音乐节奏常常给人以懒散的感觉。

（2）编排音乐和动作

编排方式主要有两种：第一，按照体育舞蹈动作进行音乐创编，即在编排好成套动作后再依据舞蹈表达的主题及动作特点等要素来决定音乐节拍；第二，按照音乐进行动作创编，即在对舞蹈音乐进行合理选择并编辑后，再依据音乐风格来决定动作套路，然后再进行细节调整，使音乐与动作更好地配合在一起。

团体舞表演包含三个程序，即出场、表演、退场。它有着多种多样的伴奏音乐，因此在创编音乐与动作时，需要做好音乐衔接，避免出现不连贯、停顿的现象。

3. 体育舞蹈音乐的剪辑程序

剪辑体育舞蹈音乐一般分为四个程序，即音乐的采集、原音的分析、剪辑与制作、输出音乐。

（1）音乐的采集

要选取好的音乐，即音乐要有高音质，只有源头音质好，才能保证后期剪辑时可以有更加完美的处理效果。采集音乐就是要选取各种不同格式的音乐，先聆听再比较，优中选优，以备制作。一般情况下都采用 mp3 格式的音乐，因为这种格式的音乐音效与音质都很好。

（2）原音的分析

分析原音就是适当调整音乐速度等，这个过程需要借用相关软件，对音乐采用反复聆听的方式找出必要的和不必要的声音或段落，随后保存确定的音乐素材。

分析原音软件常用 Gold Wave，它作为一种音乐剪辑软件，一方面能调节音乐的速度，或加快，或减慢，另一方面能实现声波图形化功能。如某个区段音乐的获得过程为，在声波图形中，操作鼠标右键中的"设置开始标记""设置结束标记"。Gold Wave 软件还能够放大声波图，以此来搜寻音乐转折点。分析原音时要注意聆听，以使节奏完整。

（3）剪辑与制作

这个过程也要用到相应软件，这个过程主要包括升调、降调、粘贴、拷贝等，通过剪辑来串联所需音乐。然后混合多声部音轨，加入一些节奏、动效等来增强伴奏音乐的感染力。制作时可以采用 Gold Wave 软件，进行简单的叠加和处理。当然，音乐制作的专业软件是 N-Track Studio，它能将特效与混音加入到不同的音轨中，并将其转化为常用的 WAV 或 mp3 格式。这种软件能够单独修改某一音轨，可以加入音效、更换背景音乐、抽掉杂音等，非常有利于日后的编修与维护。N-Track Studio 有双工设计，可以在试听与录制的过程中省下不少处理时间。

（4）输出音乐

输出音乐就是储存制作好的音乐，一般是存储为 mp3 格式，并将其刻录成光盘，这个程序要用到 Nero 软件，它能够刻录很多格式的音乐文件。

4. 体育舞蹈音乐配置的注意事项

首先，配置体育舞蹈音乐要注意突出整体的风格特色。每个舞种都有特定的音乐风格与舞蹈动作，要让音乐整体风格与体育舞蹈动作保持一致。团体主题思想的展现需要结合舞者的条件（如年龄）及服饰等要素，其中的一个重要原则是符合整体风格，产生能引起观众共鸣的元素，如上文介绍的《春常驻》与《茉莉花》。当然，创编者也能对音乐节奏和乐器进行更改，以达到统一动作与音乐的效果。

其次，过渡衔接要自然流畅。为了保证音乐的完整性，剪辑后衔接而成的音乐需要注意处理好剪辑痕迹，避免整段音乐出现断节、不顺畅的感觉，也就是说剪辑接口既要吻合又要合理。剪辑不同曲目时，可能会有不同的节拍速度，因此需要先调整音乐速度，再衔接音乐剪辑片段。给体育舞蹈音乐开始与结尾配乐时，前后速度的衔接、旋律转换要融洽顺畅。

最后，体育舞蹈音乐配置还要适当运用声音特效。运用特效音可以增强舞蹈的节奏感，能够将舞蹈细节展现得更为生动和形象，也能将难度动作的动力感展现出来，起到增强视觉和听觉冲击的效果。但特效音毕竟是一种放大效果的用法，因此需要注意宁缺毋滥，既要保证融入音乐风格，又要注意特效出现的时机，使之能与舞蹈动作和表现配合起来，也就是说特效音的插入需要有明确的目的。特效音的音量也要适度。

三、常见的体育舞蹈编排

（一）大众体育舞蹈的创编

在生活水平有了明显提高之后，人们的文化体育娱乐需求开始逐渐增强，在这种社会背景下，体育舞蹈开始进入人们的视野。

体育舞蹈因为有着独特的艺术特征和功能特征而成为一种老少皆宜的运动项目，它没有年龄限制，也没有社会阶层限制。广泛开展体育舞蹈能够促进和谐社会的构建，使人民的精神生活丰富起来，还有利于全民体质的增强，然而，体育舞蹈的价值并不局限于此，尤其是大众体育舞蹈。

1. 大众体育舞蹈概述

（1）概念

体育舞蹈是艺术与体育的结合，在艺术范畴内，它作为一种体育运动项目能够实现健身、娱乐的目的。就此而言，全民皆可参与，大众体育舞蹈就是这样一种舞蹈形式。

体育舞蹈高度结合了健与美，也就是体育与艺术，正因为如此，它才能够达到丰富精神生活和增强身体素质的双重目的，故而被广大群众喜爱、青睐。参与体育舞蹈，能够使人们在做有韵律运动的同时表现出丰富的情感。

体育舞蹈需要舞伴的配合来完成，不管是什么样风格的体育舞蹈都需要一对（或几对）舞伴相互配合，凭借自身的技术步法和艺术表现力形成肢体语言，来表现整套动作，这就是体育舞蹈的内涵，也是理解大众体育舞蹈概念的前提。

大众体育舞蹈侧重于健身、娱乐的目的，它也是一种具有规范性的社交舞蹈，这就指明了大众体育舞蹈的主要功能，即锻炼身体、丰富精神生活、改善人际关系等。当然，大众体育舞蹈的功能不止于此，练习大众体育舞蹈还能塑造美的身形、培养优雅的气质等。

大众体育舞蹈可以由练习者独自完成，也可以通过舞伴之间互相配合来完成。舞蹈动作对技术要求不高，大多为简单动作，适合不同人群练习。但要求步法既准确又流畅，给人一种姿态优美的观感体验。

（2）分类

大众体育舞蹈分为两大类：集体舞、交谊舞，如图 2-4-1 所示。

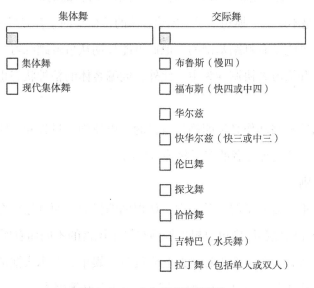

图 2-4-1　大众体育舞蹈分类

（3）特点

社会大众是大众体育舞蹈的主体，这就决定了大众体育舞蹈的难度不会太高，有更大的休闲性。边跳舞边欣赏是练习者的主要参与形式，练习者之间的交流能够改善他们的人际关系。

大众体育舞蹈的特点就是基本步法简单，舞蹈内容丰富，技巧上比较重视花式动作，动作技巧容易被初学者掌握。

2. 大众体育舞蹈创编

（1）创编思路

除了各个舞种的创编规律外，创编大众体育舞蹈应当尽力去了解当前人民群众的健身水平和舞蹈本身的练习特点，大众体育舞蹈创编主要从动作、结构、音乐这些方面入手。创编时，要结合指导思想与创编目的、原则，以舞种的基本步法和运动规律为参照，将一些花式动作串成和谐统一的运动套路。

（2）创编要求

创编要求有两个方面，即对创编目的的认识和确立创编原则。

①创编目的

广泛性是指参与人群可以是不同层次的男女老幼，这就使大众体育舞蹈运动具有广泛性的同时具有一定的差异性，这里主要指练习目的的差异，因此，针对他们的创编过程也是不同的。换句话说，创编客体的特征是创编者应当充分考虑的。

练习者有可能是有舞蹈基础的，他们可能长期从事舞蹈练习，在创编过程中就要尽量以提升练习者协调性为主。此外，创编客体的精神状态也是应当积极考虑的。

总之，创编套路动作必须明确创编目的，以使创编过程和套路练习具有更强的针对性，从而满足练习者的多样化练习目的。

②创编原则

创编活动不仅需要了解相关知识、认识创编目的，而且还要有特定的规律与原则。这种指导思想和原则也要根据舞种与舞步风格的不同而有所不同。

创编大众体育舞蹈需要保证舞蹈起到健身、娱乐、艺术表演的作用，在安全性得到保证的基础上，还要注意舞蹈步法、花式套路等因素。

（3）创编因素

大众体育舞蹈的创编因素有主体因素与客体因素，也有步法与动作技术因素。

①创编主体与客体

创编主体就是指创编者，创编客体可以理解为创编舞蹈的接受者，也就是大众。大众体育舞蹈的创编可以由具备体育舞蹈知识的人来开展，但为了创编的效果与质量考虑，真正的创编主体并不是普遍的，他们之间有着很大的差异。

大众体育舞蹈的创编需要创编者具备实践活动的基础才能有较好的表演或健身效果，这也说明了创编活动的群体参与性特征，由此可见，创编主体与客体不能分割开来，他们之间是紧密相连的。有趣且丰富的大众体育舞蹈来源于两者之间的结合。

不同的接受对象就需要有不同的大众体育舞蹈创编。如果主要群体为老年人，那么舞蹈节奏不宜过快，舞蹈种类以健身、健心为主。如果主要群体为少儿，那么动作技术要有利于少儿身体健康。位于社区的舞蹈应该区别于舞厅舞蹈和竞技舞蹈。正是因为这些不同的要求和目的，才使舞蹈创编主体与客体成为创编大众体育舞蹈的重要因素。

②步法与动作技术

大众体育舞蹈是由练习者（与同伴）的多样化肢体动作组成的。步法与动作技术的选择既需要符合特定规律和原则，也需要与音乐伴奏（节奏、韵律等）相适应。

（二）高校体育舞蹈的创编

体育舞蹈的形体动作和造型有着不同难度，表达出来的情感和表演出来的技艺也各自不同。但它们都将体育舞蹈的特性展现出来，体育舞蹈将音乐、舞蹈、体育融为一体，同时具有欣赏、竞技、社交、表演、健身功能，如华尔兹舞优美婉转、探戈舞顿挫有力、桑巴舞热情澎湃，而伦巴舞则浪漫多情。正因为如此，其在高校内部广为流行。目前，体育舞蹈已成为高校体育课的一种形式，给大学生带来欢乐、让人陶醉的人文气氛。不仅如此，高校的体育舞蹈还有利于大学生个人气质的修为。

1. 高校体育舞蹈创编的原则与要素

高校体育舞蹈创编需要在了解体育舞蹈特点和规律的前提下进行，并充分认识到教学目的与原则，高校体育舞蹈创编就是以单个舞步动作为单位，将其形成体育舞蹈套路的过程。

（1）高校体育舞蹈创编原则

创编高校体育舞蹈的基本原则要以教学目的为重要参照，应该明白创编高校体育舞蹈是为了提升学生的身体素质，促进学生心理、生理的健康发展。

在创编过程中，单个的动作和套路组合编排都要以学生的实际情况为准，如果超越了学生能够接受的极限（也就是说超过实际运动能力），不仅会给教学活动带来困扰，更无益于教学目标的实现。

学生的实际能力是创编者应当积极考虑的，如果忽视这种要求，就会使学生学习的主动性和积极性大打折扣，不利于学生发挥和提高技术水平。创编低年级体育舞蹈时，要想到学生的舞蹈基础和接受能力均较弱的情况，在设计和选择舞蹈动作时要从简单的开始，循序渐进，慢慢熟悉舞步步法，增加难度。

（2）高校体育舞蹈创编基本要素

这里所说的基本要素包括空间、时间、动作、节奏等，如图 2-4-2 所示。其中，最基本的是动作要素，它构成了高校体育舞蹈，也作为一种载体表现出不同舞种的不同形式，如果没有人体动作，那么高校体育舞蹈自然也就不存在了。节奏要素（节奏变化）主要是对动作力度、速度、肌肉用力的要求。高校体育舞蹈动作的完成离不开一定的空间（具体指动作的路线方向及队形变换）。时间性是舞蹈动作表现的另一要素，它主要对应的是体育舞蹈的"动"，一旦动作停止，就相当于舞蹈的结束。

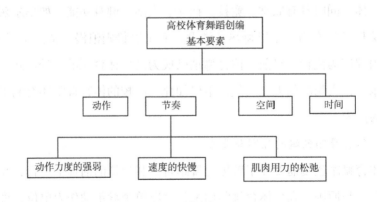

图 2-4-2　高校体育舞蹈创编要素

2.高校体育舞蹈音乐的选编

音乐的选编同样在高校体育舞蹈的创编过程中占很大空间，适当的音乐能够发挥很重要的作用。要使学生能够感知到标准音速，这就需要灌耳音。在学生对其有一个总体认识之后，开始选编音乐，先从节奏较慢的音乐开始。这些节奏有助于学生找到音乐节律，确保舞步与音乐节奏的合拍，再慢慢接触标准音速的音乐。

由上述内容可知，合理选编音乐要有区别地进行，这是为了适应高校学生学习体育舞蹈的不同阶段。

高校体育舞蹈中，恰恰舞、维也纳华尔兹舞、牛仔舞、桑巴舞这些舞蹈的节奏、速度及舞步都相对较快，选编音乐时不能开始就选择标准音速，否则就会增加学习难度，学生的舞步会跟不上音乐，因此在音乐选编时必须注意针对学习的不同阶段，不能让学生出现顾此失彼的情况。

舞种的不同也决定了选编的音乐伴奏不同。选编者要注意在不同阶段搭配不同的音乐，在实现培养目标的过程中采用由慢到快、由简到繁、由易到难的教学策略。这样也是为了留给学生更多的时间去欣赏、理解和想象音乐，从而更好地实现高校体育舞蹈教学的目的。

除了上面所说的注意事项之外，还要注意音乐选编的步骤。如一些拉丁与爵士舞曲有着较强的时代气息，能刺激到学生的神经，使其兴奋，产生跃跃欲试的心理暗示，因此常常应用在教学课的开始部分。这也有利于学生快速进入学习状态。而在结束部分宜配以音速缓慢的音乐，不仅是因为优雅动听，还因为它有助于学生的身心放松。

第三章　高校体育舞蹈教学研究

本章讲述的是高校体育舞蹈教学研究，主要从四个方面进行论述，分别为高校体育舞蹈课程教学原理，高校体育舞蹈课程教学目标、原则与方法，高校体育舞蹈课程教学课类型，高校体育舞蹈课程设置现状与对策。

第一节　高校体育舞蹈课程教学原理

一、刺激适应原理

刺激适应原理是体育教学的一个基本原理，它符合机体运动训练和技能发展的基本规律，体现了教学中对学生肌体变化的关注和尊重。

刺激适应包括体育教学训练对肌体的影响和机体对体育教学训练的反映两个方面的内容，是一对统一的变量。

所谓刺激，就是通过一定强度的教学训练活动使学生接受某一种训练和学习，并且能够达到教学训练效果。有效的运动刺激能提高学生在体育舞蹈运动教学和训练过程中肌体机能的适应过程。

所谓适应，就是在一定运动强度刺激下，使学生能够逐步提升运动技能，这种适应具有阶段性和层次性。首先，在最初的技能学习阶段，即刺激阶段，肌体需要接受来自多方面的各种刺激；其次，在科学运动负荷的刺激下，机体内部各器官和运动系统的功能产生兴奋，并将兴奋传输到肌体各个器官中，使整个肌体都进入运动状态，以实现机体对外界运动负荷的生物应答反应；再次，随着体育舞蹈运动教学与训练的持续进行，学生肌体器官和系统持续接受刺激，并持续对这种刺激做出反应，并使学生的身体机能进入良好的工作状态，肌体已经适应当前运动刺激；最后，如果学生能坚持体育舞蹈运动知识学习和技能学练，就能在全面增加和系统重复各种外部运动刺激的基础上，产生较为明显的身体结构和机能方面的改变，身体运动器官功能得以完善、身体机能得以改善、体育舞蹈技术水平得到发展。

刺激适应原理要求教师在体育舞蹈教学中，遵循学生肌体机能的接受刺激和适应刺激的变化规律，科学控制教学进度和安排技术动作学练，以提高体育舞蹈教学质量，促进学生身体素质的健康发展和运动技能的有序提高。

特别需要注意的是，良好的刺激能引起肌体的良性适应，良性适应有助于肌体建立科学的动作技能关联，可以促进体育舞蹈教学的顺利开展和教学目标的实现。在体育舞蹈教学中，运动刺激应符合学生身心的承受能力。

二、学习认知原理

认知理论是一种重要的学习理论，该理论主要研究由经验引起的变化是如何发生的，是现代教育教学的一个重要理论基础。

个体的认知具有一定的规律性，具体表现在人对事物的认识是一个由感性上升到理性的过程，对知识或技能的学习必须经历由浅入深、由表及里、由简到繁的过程。教育教学要遵守这一客观规律，对于教学不要一味地追求速成，正所谓"欲速则不达"，教学过程要符合学生的认知过程。

在体育舞蹈教学实践中，学生对体育舞蹈教材的感知、理解、体会、巩固、运用以及评价等认知活动有其固有的规律，教师应遵循这些规律，在组织学生进行技术动作练习时重视体育舞蹈操作性知识的传授，使学生的体育舞蹈知识与体育舞蹈技术表象之间建立起牢固的联系，逐步地、有序地提高学生对体育舞蹈知识与技能的认知能力，并促进学生掌握体育舞蹈知识与技能。

三、科学负荷原理

动作技术教学是体育舞蹈教学的主要内容，而体育舞蹈技术教学主要是通过组织学生反复进行身体练习的方式来进行的。因此，体育舞蹈技术动作的练习过程就是学生肌体承受不同形式和内容的运动负荷的过程，教师应注意结合教学进度与学生学习情况、身体情况合理安排运动负荷。这就是科学负荷原理。

具体来说，在体育舞蹈教学中教师遵循科学负荷原理、科学安排运动负荷应注意以下三个方面的内容：

第一，在体育舞蹈教学初期，为了促进学生尽快地进入学习和练习状态，应以增加负荷量使肌体的适应过程逐步实现。

第二，在体育舞蹈专项训练阶段，以提高负荷强度刺激的手段来加深学生的机体适应过程。对于学生运动刺激强度的增加要及时调整，只有适应水平得到提升才能够实现渐进。这是体育舞蹈教学的基本原理。

第三，对于学生而言，学习的体育舞蹈舞种不同，技术动作不同，运动负荷的安排应有所区别，与舞种、技术学练相适应。

四、循序渐进原理

循序渐进原理是融教育学、体育学、心理学等学科理论知识于一体的重要教学理论，具体是指教学必须结合学生的学习认知、刺激适应的客观规律，逐渐增加难度。

在体育舞蹈教学中，循序渐进原理要求教师在教学中应逐渐增加学生技术动作练习的运动量和运动强度，并最终实现学生的体育舞蹈运动技能的提高。

就体育舞蹈理论知识教学来讲，大脑思维的发展、知识储备的增加都是循序渐进的过程，不能一蹴而就。遵循循序渐进原理，就是在教学过程中，教师应由少到多、由浅入深地讲解体育舞蹈运动特点、原理、规律，使学生逐步丰富知识储备，并不断提高学习能力和理解能力。

就体育舞蹈运动训练来讲，人体结构的改变、运动能力的提高、内脏循环功能的改善等也需要经历一个渐进的发展过程，循序渐进符合人体动作形成的客观规律。体育舞蹈技术动作学练就在具有一定强度刺激的基础上，使肌体实现某一层次的适应，然后通过这一适应的持续，再进行运动刺激，使机体进入下一阶段的适应，这种适应性的形成是一个相当复杂的协调过程，仅仅依靠几次训练和练习是无法实现的。学生运动技能的提高是长期训练的结果，因此，只有坚持训练，长期积累经验，经历一个由量变到质变的过程，才能达到良好的训练效果。

五、超量恢复原理

超量恢复，又称"超量代偿""超量补偿"，是说运动时和运动后休息期间能量物质消耗能够超量恢复，由苏联学者雅姆波斯卡娅提出。

生理学研究表明，机体运动消耗的能源物质在运动结束后一段时间不仅能够恢复到肌体原有的水平，而且很有可能超过原来的水平，这种现象就是"超量恢复"（图 3-1-1）。肌体的超量恢复现象会在维持一段时间后消失，技能和体能与运动前的水平基本一致。

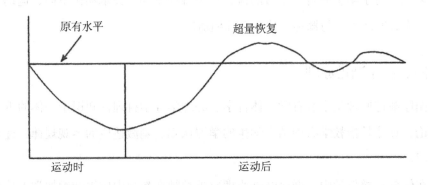

图 3-1-1 "超量恢复"现象

在体育舞蹈教学中，学生学习体育舞蹈技术动作，运动结束后学生各机能的恢复和超量恢复不是同时发生的。一般来说，大脑和神经中枢的恢复最快，此后依次是心血管系统的恢复、肌肉和心理的恢复；肌体不同，能源物质的恢复速度不同；不同运动负荷下肌体的恢复速度不同，负荷越小，恢复越快；不同训练水平的学生恢复速度不同，训练水平越高，恢复速度越快。此外，超量恢复在一定程度上还受到疲劳程度、运动量的大小和营养供给等因素的影响。

在超量恢复原理指导下，体育舞蹈教学训练应注意以下几点：

第一，在一定范围内，运动量越大，人体内各器官和肌肉的功能动员得就越充分，能量物质消耗得就越多，超量恢复也就会越显著。

第二，切忌运动量过大或过小，如果运动量过大，超过人体正常承受的范围，就会延长恢复过程，可导致过度疲劳；如果运动量过小，身体得不到充分运动，疲劳程度较小，超量恢复效果不明显，不利于获得良好的练习效果。

第三，安排重复性的体育舞蹈动作技术训练时，要掌握好间歇的时间。间歇的时间太短，疲劳来不及恢复，会加重身体的疲劳；间歇的时间太长，只能保持原有技能水平，不能达到增强身体机能和提高运动技能的目的。

第四，体育舞蹈运动训练科学的运动负荷应根据不同学生特点，进行差异化制定，通常情况下，如果运动后的心率达到 140—170 次每分钟，就可以待心率恢复到 100—120 次每分钟时，再进行下一次运动。

第二节　高校体育舞蹈课程教学目标、原则与方法

一、高校体育舞蹈课程的教学目标

（一）知识技能发展目标

高校体育舞蹈课程教学的知识技能发展目标主要是指通过体育教学，丰富学生的体育舞蹈的理论知识、提高学生的体育舞蹈技术动作。

首先，学习体育舞蹈理论知识是学生认识体育舞蹈，了解体育舞蹈的重要基础。通过开展体育舞蹈理论课教学，使学生熟悉并掌握体育舞蹈的基本理论知识，以此来让学生对体育舞蹈的理解更加深入，使其理论素养得到有效的提高，从而为其从历史的、发展的角度去看待和从事体育舞蹈奠定基础。

其次，提高学生的体育舞蹈技能是体育舞蹈教学的重要目标之一，学生掌握体育舞蹈基本动作的基础就是熟练掌握体育舞蹈基本理论知识，并在此基础上来学习体育舞蹈的技术动作。教师通过体育舞蹈教学，应使学生熟练掌握体育舞蹈基本技术、基本技能、基本动作方法、身体素质练习方法，掌握几套体育舞蹈，培养学生参加体育舞蹈活动的运动能力。

（二）体形姿态发展目标

体育舞蹈具有良好的健身、健心、健美价值，高校学生正处于青春发育后期，

身体形态仍然具有很强的可塑性，因此在体育教学中应重视对高校学生良好形体和姿态的塑造。

完美的身体形态是机体功能完善的重要反映，而姿态的端正（正确的站、坐、走姿势）更是充分展现出了形态美在活动中的状态，体形健美、姿态端正是体育美育教育的重要要求。随着体育美育价值在体育教学中地位的不断提高，学生体型健美、姿态端正也成为体育教学的一个重要目标。

体育舞蹈是与形体姿态发展密切相关的一项体育运动，体育舞蹈自身的独特运动魅力使其在对学生的形体和姿态改善方面具有重要作用。改善学生体形和姿态是现代高校体育舞蹈课程教学的一个重要教学目标。

（三）身体素质发展目标

身体素质是人体各器官系统在体育运动中所表现出的各种机能能力，它主要包括力量、速度、耐力、灵敏、协调、柔韧等方面的素质。身体素质是人体参加体育运动的重要基础，发展学生身体素质是体育教学与训练的重要目的之一。

在体育舞蹈课程教学中，全面发展学生身体素质是体育舞蹈教学中的一个较为基础的教学目标，身体素质在体育舞蹈运动训练中发挥着重要作用，如动作的力度、速度、幅度、高度、协调性等都需要有良好的身体素质做基础。由此可见，将发展学生身体素质列为体育舞蹈课程教学的教学目标是非常必要的。

（四）心理素质发展目标

体育舞蹈课程教学的心理素质发展目标，主要是指培养学生良好的思想道德品质。体育舞蹈的前身是社交舞，这就决定了其对舞者的品行、道德、艺术审美、艺术表现要求都比较高，是促进学生心理素质健康发展的基础。

在体育舞蹈科学教学中，教师通过体育舞蹈的学习，结合体育舞蹈运动的特点，寓思想政治教育于体育舞蹈课程教学之中，培养学生正确的道德观，提高学生的思想觉悟，重视培养学生的良好品行、艺术素养和性格特征。

（五）艺术审美发展目标

体育舞蹈具有重要的美育价值，美育是帮助学生形成科学审美观念、培养美感和提高创美能力的教育过程，对学生的个人审美能力的提升具有重要作用。

将提高学生审美能力作为体育舞蹈教学目标，具体内容是以体育舞蹈教学为主要途径和载体，对学生进行科学的审美观念、健康的审美情趣、较强的审美能力的培养，提高学生的自我审美修养。

二、高校体育舞蹈课程的教学原则

（一）兴趣主导原则

兴趣主导就是在体育舞蹈教学中重视对学生学习和参与体育舞蹈兴趣的培养，这是体育舞蹈教学的首要原则。兴趣是最好的老师，只有学生对体育舞蹈感兴趣，才有可能学好体育舞蹈。

在高校体育舞蹈课程教学中，体育教师应最大限度地调动学生参与体育舞蹈运动的积极性，培养他们的独立思考能力、创造能力和自我调控能力，使学生更自觉地、主动地完成学习任务。具体来说，应注意以下几个方面：

第一，教师应广泛了解学生的体育舞蹈兴趣，并在此基础上针对个体的不同兴趣来选择和安排不同的舞种进行教学。

第二，重视培养学生正确的体育价值观。通过各种教育学、心理学的手段，进行体育舞蹈运动学练的目的性教育，让学生逐步树立起自觉学习和参与体育舞蹈运动的态度和动机。

第三，教师应精心设计教学内容（特别是课的开始），善于激发学生的兴趣，引导其兴趣向正确的方向发展。在教学中能善于捕捉时机，因势利导，对学生的兴趣进行引导和强化。在初期训练时应以游戏和玩耍的形式开展教学，调动学生体育舞蹈学、练的积极性，使学生把对体育舞蹈运动的兴趣转化为学习动力。

第四，采取丰富多样的教学方法，努力激发学生参与体育舞蹈课程教学训练的兴趣。注意运用各种符合不同年龄学生个性心理特征的手段，激发他们参加体育舞蹈运动训练的兴趣。

第五，教师应做好表率作用。教师应善于说服教育，并以自己的知识、能力做好表率，为人师表、做好榜样，潜移默化地影响学生参与体育舞蹈运动的学、练。

（二）主体性原则

学生主体原则是指在体育舞蹈教学中，要始终将学生作为教学的主体，体育舞蹈课程教学模式、方法、内容等的选择都应充分考虑学生的需要和特点。

具体来说，在高校体育舞蹈课程教学实践中，遵循主体性原则应做好以下几点：

第一，尊重学生的主体地位。教师必须树立以学生为主体的体育舞蹈运动教学观念，并在高校体育舞蹈课程教学实践中科学贯彻，要充分调动学生体育舞蹈学习的积极性与主动性，使学生能主动参与到体育舞蹈学习中，积极配合老师完成各种学习任务。

第二，改变传统的教师的"教"与学生被动的"学"的教学理念。根据学生兴趣和需要设计、安排体育舞蹈教学。

第三，发挥教师的主导作用。教师应充分认识到自己在体育舞蹈运动教学中的主导地位，在体育舞蹈运动教学实践中，重视对学生的科学引导，使学生能少走弯路，提高学习效率。

第四，在体育舞蹈课程教学中，学生存在着个体差异，要求教师要承认学生的个体差异，重视学生个性的发展，必须采用科学方法发展学生个性。

第五，建立和谐的师生关系。和谐的师生关系有助于促进高校体育舞蹈课程教学活动的顺利开展。建立平等的师生关系，维持良好的体育舞蹈运动训练环境。

（三）直观性原则

体育舞蹈教学的直观性原则具体就是在教学中教师应充分发挥学生的感官作用，通过直观、生动、形象化的教学塑造良好的体育舞蹈运动教学环境、建立轻松的体育舞蹈运动教学氛围，使学生通过视觉、听觉、触觉和肌肉本体感觉来感知所学动作的技术，提高体育舞蹈运动教学效率和教学效果。

在高校体育舞蹈课程教学实践中，遵循直观性原则应注意以下几点：

第一，根据具体的体育舞蹈运动教学目标，选择合理的体育舞蹈运动教学内容、教学手段和教学方法。

第二，在体育舞蹈课程教学中，为弥补教师示范的不足或难度动作把握的准确性，可以利用图示、录像等直观教学手段，让学生有目的地、清晰地进行观察、理解和分析。学生水平较高，则可播放正确技术动作影片帮助学生学习，总之，使每个学生都有所发展。

第三，在体育舞蹈运动教学实践中，教师应结合直观性的教学教具和准确的语言讲解，启发学生思维，使学生能举一反三，提高学习效率。

（四）互动性原则

体育舞蹈教学的互动是多方面的，具体来说，在体育舞蹈课程教学活动中，一定要注意教师与学生、学生与学生之间的互动作用，从而将教师的"善教"与学生的"乐学"充分体现出来，这就是体育舞蹈教学的互动性原则。

体育舞蹈是一个男女配合的技艺项目，需要双方在学习和实践过程中进行沟通。而在教学中，教师不但要以指导员的角色将知识和技艺传授给学生，而且要以舞伴的角色来帮助学生完成各种高难度技术教学，这些都需要教师与学生、学生与舞伴、学生与学生之间的相互配合。

在体育舞蹈教学实践中，贯彻教学互动性原则需要教师做到以下几点：

第一，充分利用多种互动形式与方法。通过师生间的对话交流、师生间的领带与跟随、舞伴之间的对话交流、舞伴间的领带与跟随等，达到理想的教学效果。

第二，加强教师与学生的双向交流。将"教"与"学"双方的积极性和能动性充分调动起来，活跃课堂气氛，避免学生被动接受教学任务、消极应付学习。

第三，对学生、舞伴之间的沟通与交流起到积极的促进作用。以舞蹈技艺共同提高为目标，形成融洽、和谐的教学气氛，使师生、生生的互动更方便、融洽。

（五）审美性原则

高校体育舞蹈教学的美育价值是毋庸置疑的，体育舞蹈具有姿态美、节奏美、协调美、表情美、音乐美等特点。因此，在高校体育舞蹈课程教学中，始终坚持审美性原则，对于学生的身体美、心理美的发展具有重要的促进作用，同时还能有效提高学生的审美意识和审美能力。

在体育舞蹈课程教学中遵循审美性原则，教师应注意以下几个方面的内容：

第一，在整个教学中遵循审美性原则，使学生在学习的过程中能够始终保持对美的追求。

第二，通过体育舞蹈练习，充分表现体育舞蹈丰富的运动路线、优美的运动姿态、和谐的运动节奏、协调的肢体配合等，引导学生体验体育舞蹈的运动美、形体美、节奏美、音乐美，并将体验到的这些美内化。

第三，重视培养学生对体育舞蹈的美的感受能力、欣赏能力和评价能力，并将这种美的感知与评判延伸到日常的生活学习中。

（六）渐进性原则

渐进性原则是指教学要有序安排，对体育舞蹈课程教学中教学内容的安排要做到由简单到复杂、由低级到高级、由单一到组合，循序渐进地进行。

在高校体育舞蹈课程教学实践中，遵循渐进性原则应注意以下几点：

第一，合理选用教学内容。体育舞蹈运动教学过程应符合体育舞蹈运动发展规律，教学内容应由易到难、由简到繁；训练的时间和量应逐步提高。

第二，科学安排教学阶段。在体育舞蹈运动实践课的教学中，要根据体育舞蹈不同舞种的运动规律与特点，从单一到组合，科学组织各阶段教学。

第三，合理安排运动负荷。在高校体育舞蹈课程教学过程中组织学生练习应逐步增加运动负荷，运动负荷应与学生的生理和心理特点相符。具体应按照适应—加大—再适应—再加大的规律有节奏地增加运动负荷。

（七）因材施教原则

"教育要面向全体学生"。高校体育舞蹈课程教学的因材施教原则是由学生的个体差异性所决定的。高校体育舞蹈课程教学过程中，体育教师"教"的对象是全体学生，教师应根据每一个学生的具体情况，实施有差异的、有针对性的教育，使每一个学生都能在原有基础上获得发展。

在高校体育舞蹈课程教学实践中，遵循因材施教原则应注意以下几点：

第一，因材施教应建立在统一要求的基础之上，教师对全体学生提出统一的教学要求。在此基础上，注意到每个学生的身体素质与能力水平方面的差异，重视针对个别学生的"教"，使教学有区别、有针对性。

第二，了解学生。教师应对学生进行充分的观察和了解（如其身体素质与个体能力差异），教学应符合学生特点，掌握不同学生的详细情况，区别对待。

第三，重视教学设计的针对性。在制定体育舞蹈课程教学目标时，综合考虑教材、学生特点、组织教法以及客观教学条件，使教学更有针对性。

第四，满足不同学生的学习需求。高校体育舞蹈课程教学目标和要求应是符合大多数学生的实际能力，同时兼顾不同层次学生的学习需求；帮助素质差、基础薄弱的学生完成学习任务。

第五，合理安排不同学生的运动负荷。有针对性地提高学生的薄弱环节，扬长避短，促进其体育舞蹈运动技能快速提高，使不同学生均有所提高。

第六，创造因材施教的教学条件。在体育舞蹈教学实践中，教师要采用多种教学的组织形式，进行"等质分组"或给身体条件和运动技能有缺陷的同学开"小灶"。

三、高校体育舞蹈课程的教学方法

（一）语言教学法

1.讲解教学法

讲解教学法是指教师通过语言讲解使学生了解体育舞蹈课程教学内容的教学方法。

在高校体育舞蹈课程教学实践中，讲解法主要应用于体育舞蹈技术动作的方法和要领及技术动作注意事项等的讲解。教师运用讲解法应注意以下几点：

第一，讲解要明确。教师对于体育舞蹈教学内容的讲解必须有明确的目的，不能漫无目的地讲解，明确地告诉学生做什么、怎样做、向什么方向做、什么时候做、做的次数等。

第二，讲解要正确。在进行讲解时，应注重其内容的正确性，不管是具体的体育舞蹈理论知识、运动文化还是技术动作教学，都应做到准确无误。教学内容不仅要符合学生的知识范围和结构，应在学生的接受能力范围之内，而且还要符合体育舞蹈各舞种风格、技术特点、音乐节奏特点。

第三，讲解要生动。注意语速和语调的变化，调动学生认真听讲，帮助学生建立正确的动作定型。在讲解过程中，重视对技术动作的形象化描绘，可以适当加入肢体语言帮助学生理解，让学生更深刻地理解技术动作。

第四，讲解要有启发性。教师运用对比、类比、提问等方式进行的启发性教学有利于促进学生积极思维，使学生举一反三、触类旁通，让学生将看、听、想、练各种感官动员起来，更好地理解相关的知识，达到学以致用的目的。

第五，重视讲解内容的前后关联性。体育舞蹈各舞种虽然技术风格、动作等都不相同，但是在一些知识、技术上具有一定的关联性，教师应善于借助学生已经接触过、学过的运动技术，让其与教学内容产生联系，帮助学生更好地理解动作。

第六，讲解注意时机与效果。要选择在学生注意力集中、面对教师、注意教师时进行讲解；在学生练习过程中或背对教师时，尽量少讲解或不讲解。

2. 口头评价法

口头评价也是体育舞蹈运动教学中一种重要的语言方法，多用于体育舞蹈运动实践课的教学，对于学生学习情况及课堂表现给予相应的口头评价，促进学生努力学习。

在体育舞蹈课程教学实践中，教师经常运用的口头评价可分为以下两种：

第一，积极的评价。积极的评价即为对学生的正面鼓励，这能够在一定程度上激发学生的积极性，促进教学活动更好地开展。

第二，消极的评价。消极的评价是否定性的评价，这种评价往往是指出学生的不足，明确其提高的方法和努力的方向，用这种方式时应注重语气和口气。

3. 口令、指示法

在高校体育舞蹈课程教学实践中，需要借助多种口令和指示，如"4、3，step touch""4、3、2，换动作""重心提高""手臂伸直"等口令语言简短有力，能够很好地指导学生进行相应的体育舞蹈运动技术动作的学、练。注意发出的口令应在学生的动作变化之前，应有一定的"提前量"。

教师在体育舞蹈练习讲解时，可用提示方法启发学生，如：学习华尔兹舞步时，可提示"一、嗒、嗒""二、嗒、嗒"等。这种边数节拍边提示动作的方法，要求语言节奏稳定，能伴随音乐的节奏正确、准确提示，语气要符合音乐和动作的性质，跟随音乐和动作的要求有一定的起伏和变化，以便于学生较快速地掌握成套艺术体操动作。

（二）直观教学法

1. 示范法

示范法是指教师以自身的动作作为体育舞蹈技术动作教学的范例，对学生的训练进行指导的方法。

在体育舞蹈教学中，经常采用的示范法主要有正面、侧面、背面和镜面示范法。由于体育舞蹈的动作、方向、路线变化比较复杂，因此，在学习较为复杂的动作时，多采用背面示范的方法；学习简单的动作并在行进间完成时，可采用侧面示范的方法；当动作掌握后，要求做好动作配合时，可采用镜面示范法。

在高校体育舞蹈课程教学中，教师在运动示范法时，需要注意以下四个方面：

第一，示范目的要明确：体育舞蹈课程教学中的动作示范要突出体育舞蹈课程教学的重点和难点，而且对于技术基础差的学生还应注意程度要适度。教学初期，教师要抓住体育舞蹈技术的关键动作进行示范，加深学生技术动作表象和记忆。

第二，示范要正确：动作要力求做到准确、熟练、轻快、优美；示范要严格按照规格要求来完成动作技术，体现出不同体育舞蹈舞种的风格和特点。

第三，示范要便于学生观察：在高校体育舞蹈运动教学中，体育舞蹈技术动作示范应便于学生观察，否则就是无效的示范，学生就不能学习到正确的体育舞蹈技术动作。

第四，示范、讲解与启发学生思维相结合：充分发挥学生的视觉、听觉、触觉等各种感官的作用，促进学生对体育舞蹈技术动作的理解，并注意通过对技术规律、特点等的讲解引导和发散学生大脑思维，更有效地促进学生对体育舞蹈技术、结构、规律、风格、特点、节奏、艺术表现等的理解。

2. 直观教具与模型演示法

直观教具与模型演示，就是采用图表、照片和模型等直观方法进行辅助教学。

通过直观的教学工具使用，能够使学生更加易于理解相应的技术结构和动作形象。另外，对于一些战术配合，也常采用模型演示的方式进行讲解。

3. 助力与阻力教学法

助力与阻力教学法，具体是指教师在高校体育舞蹈课程教学过程中借助外力使学生正确体验的动作用力时机、用力大小、用力方向、动作时空特征等。

4. 多媒体技术法

多媒体技术主要包括电影、幻灯、录像等。采用重放、慢放、定格等操作方法，帮助学生认识技术动作，注意播放内容要与教学目标相适应。

在体育舞蹈教学实践中，注意多媒体技术教学与讲解、示范结合使用，可使体育舞蹈课程教学更生动。

（三）完整与分解教学法

1. 完整教学法

完整教学法是指在体育舞蹈技术教学中，从动作开始到结束，完整地进行教学和练习的方法。技术动作的难度不是很高，或技术动作不可进行分解时一般会采用完整教学法。首次进行动作示范时也多采用完整教学法。

在高校体育舞蹈课程教学中，教师合理运用完整教学法时应注意以下三点：

第一，讲解要领后直接运用。在体育舞蹈运动教学过程中，教师通过对体育舞蹈技术动作的分解讲解，示范整个技术动作，使学生能流畅地模仿完整技术动作。

第二，强调动作练习重点。在体育舞蹈运动技战术的实践课教学过程中，对于较为复杂的动作，教师应明确讲解、示范重点，使学生正确把握技术动作难点。

第三，降低动作练习难度。对于技术难度较大的体育舞蹈动作，应适当降低技术难度，待动作熟悉后，再要求学生按标准动作进行完整动作学、练。

2. 分解教学法

分解教学法适用于复杂和高难体育舞蹈技术动作教学，具体是指在体育舞蹈运动教学实践中，教师先分解完整的体育舞蹈技术动作，再对各个阶段、环节进行逐个教学的教学方法。

在体育舞蹈课程教学实践中，对于分解教学法的合理运用应注意以下两个方面：

第一，合理分解动作。按体育舞蹈技术动作的时间顺序、空间部位以及时间空间的结合，对体育舞蹈运动技术进行分解，不能割裂技术环节之间的逻辑关系。

第二，技术分解，应以完整的技术概念为基础，否则就不能合理把握整体的体育舞蹈技术动作。

（四）预防与纠错教学法

预防与纠正错误教学法是教师分析学生学习过程中可能出现的各种错误及其原因，预先采取有效的教学手段，及时、合理地避免学生产生相关错误并及时纠正的教学方法。

预防具有一定的超前性，纠错具有鲜明的针对性，预防和纠错是相互联系、结合使用的。

（五）渐进教学法

高校体育舞蹈技术动作复杂多样，因此，教师在教学中也经常采用渐进教学法，使学生由易到难、由简到繁、由浅入深，循序渐进地掌握各种动作技术。

在体育舞蹈课程教学实践中，渐进教学法的具体操作方法有如下六种：一是由学习单个动作到组合动作，二是由单手动作到双手动作，三是由原地完成动作到移动完成动作，四是由较慢地完成动作到较快地完成动作，五是由局部动作到整体动作，六是由不配音乐完成动作到配音乐完成动作等。

（六）探究教学法

探究教学法是指教师有计划地安排学生"发现"问题，经过探索，最终解决问题的教学方法。该方法有助于培养学生独立学习能力、创造性思维和分析、解决问题的能力。

体育舞蹈各舞种的每一个动作都是由身体、空间、动力、关系四大要素及相关动作主题构成及变化配合来展开的，如表3-2-1所示。

表 3-2-1　体育舞蹈动作要素和主题变化

元　素	主题变化
身体	肢体的运用（脚、膝、手、肘……）、身体形态（块状、条状……，对称、不对称）、身体活动（移动、跳跃、扭、翻、转……）
空间	方向（前、左、右上、左下前……）、水平（高、中、低）、路线（空中、地面、直接、迂回）、伸展（远、近）
动力	因素（直、曲、快、慢、轻、重）、韵律（有、无；自由、限制）
关系	互动对象（与肢体、与他人、与器械）、互动模式（模仿、对比、同步、对话、互补、利用）

实施探究教学法时，教师应重视鼓励学生，适时提出建议，引导学生归纳、完善构思，进而成功解决问题。

此外，探究教学法对教学内容结构要求较严格，在体育舞蹈课程教学实践中，教师应根据不同学习阶段和预期教学效果来进行运用。

（七）意念教学法

体育舞蹈课程教学不单单是教会学生动作，更重要的是要学生体会"舞蹈感觉"，使学生能充分理解与把握体育舞蹈各舞种的风格、韵律、气质、风度等。学生的舞蹈感觉受舞蹈意念的支配。体育舞蹈动作不是单纯的舞蹈动作模仿，而是用意念指导动作，表现舞蹈魅力。

具体来说，意念教学法就是通过思维活动让学生在想象中完成动作的一种注重"心理练习"的教学方法，又称念动教学法或表象重现法。

体育舞蹈艺术性较强，它对教师有较高的要求，要求教师启发性地将自己对舞蹈本身的理解、动作的领会、内心活动和情感需要等讲授给学生，从而将学生对动作的想象积极调动起来，提高学生学习的积极性。

在体育舞蹈课程教学中，合理应用意念教学法需要注意以下三个方面：

第一，教师应在体育舞蹈教学中充分发挥主导作用，观察并及时引导学生进行意念运动表象。

第二，采用意念教学要求学生必须对动作或技术概念熟练掌握，这是教师进行意念教学的前提。

第三，在日常教学中，教师要培养学生主动应用意念学习，培养学生"用脑学舞"的习惯。

第三节　高校体育舞蹈课程教学课类型

一、高校体育舞蹈课程教学课分类

（一）体育舞蹈理论课

1.教学内容与目的

与体育舞蹈运动相关的各种理论性知识，包括基本文化知识，舞蹈技术、风格、音乐，体育舞蹈竞赛与裁判方法，以及体育舞蹈运动其他学科理论知识。

2.教学设计与安排

（1）教师讲述体育舞蹈课程教学内容。

（2）教师详细讲授体育舞蹈课程教学内容，反复明确体育舞蹈课的重点和难点，强化学生理解。

（3）教师总结和归纳课的重点，布置作业，预告下次课内容。

（二）体育舞蹈实践课

1.准备部分

与体育舞蹈课程教学内容和任务相关的身体活动，活动应有引导性、针对性和激励性。

教学课开始后，组织学生进行与体育舞蹈运动相关的走跑练习、基本体操、舞蹈技术动作练习。

2.基本部分

根据教学进度安排体育舞蹈教学和练习内容，全面发展学生的身体素质，培养学生良好的心理品质和体育舞蹈意识。

在课堂教学中，教师应合理采用多元化的教学方法，使学生巩固所学过的知识，同时体会和练习新内容。具体的教学步骤：首先学习新内容，然后巩固和改进已学过的内容，最后组织体育舞蹈课程教学比赛和提高身体素质的练习。

3.结束部分

通过身体放松练习，使学生逐步恢复到课前相对安静的状态。根据基本部分教学内容的性质、练习强度与密度等组织学生进行集体活动，并对学生的练习活动进行客观评价，指出学生体育舞蹈学习过程中的优点与不足，帮助学生改进不足。

二、高校体育舞蹈课程教学课的教学

（一）高校体育舞蹈教学课的准备工作

1. 钻研教材

在进行体育舞蹈教学之前，体育教师要认真研究体育教学大纲（课程标准），根据体育舞蹈教学目标，领会体育舞蹈教学的基本要求，确定体育舞蹈教材的体系范围与深度。同时，注意研究体育舞蹈教材的重点与难点及其前后的联系并进行总结。

2. 了解学生

在上课之前，教师要全面了解学生的知识基础、身体健康状况、认知能力、运动能力水平，以使高校体育舞蹈教学安排、设计真正切合学生的实际情况，并促进大学生的全面发展。

3. 组织教法

根据体育舞蹈教学的教材性质、教学任务、教学要求、学生情况、场地器材等客观条件，设计合理的教学方法，并确定体育舞蹈教学活动的类型和结构。

4. 场地、器材准备

准备好场地、器材是体育舞蹈教学训练课程的物质保证，教师要认真地规划场地、布置器材。

（二）高校体育舞蹈教学课相关文件的制定

1. 教学大纲

教学大纲是高校体育舞蹈课程教学中教师开展教学工作的指导性文件，是体育舞蹈课程教学活动开展的重要依据。

一个完备的体育舞蹈课程教学大纲应包括以下内容：说明（阐明教学大纲制定的依据与原则、课程性质等）、教学目的要求、教学内容、时数分配、教材及参考书、教学设施、考核内容、考核方法、成绩评定相关内容等。

制定体育舞蹈课程教学大纲应符合以下几项基本要求：

（1）符合体育舞蹈教学实际。

（2）符合体育舞蹈运动的特点，突出教学训练与培养目的。

（3）明确课程任务和教学时数，合理分配课程时数，确保各项教学任务的完成。

（4）重视体育舞蹈课程教学内容的系统性、先进性和科学性。

（5）体育舞蹈的教学考核应以基本理论、基本技术与技能为考核重点，重视考核方法的全面、客观。

2. 教学进度

教学进度计划是以教学大纲为指导，根据教学大纲所规定的教学任务、教学内容和时数分配，把教材内容具体落实到每次课中的教学文件，是高校体育舞蹈课程教学开展的指导性文件。

高校体育舞蹈课程教学进度计划的科学制订应符合以下几点要求：

（1）合理安排体育舞蹈课程教学内容，突出教学重点。

（2）教材安排符合逻辑，体现体育舞蹈运动理论知识、体育舞蹈技能方法与规律、体现体育舞蹈的舞种风格与特点。

（3）合理搭配教学课时。合理分配体育舞蹈理论知识、技术学练、音乐、创编等内容的教学。

（4）坚持教学理论指导体育舞蹈课程教学实践，并做到将体育舞蹈课程教学理论与体育舞蹈课程实践紧密结合。

3. 教案

教案是教师结合教学进度对每一堂课的教学内容、教学步骤、时间安排和详细步骤进行编写的教学文件，是具体的体育舞蹈每堂课的教学指导文件。

体育舞蹈课程教学课堂教案的编写应注意以下几点要求：

（1）根据高校体育舞蹈课程教学的目标、进度、性质等，确定本次体育舞蹈课堂教学的任务。

（2）根据体育舞蹈课堂教学的任务，确定本次课的教学内容、教学方法、教学组织形式。

（3）根据体育舞蹈课堂教学内容、方法等考虑本次课的场地、器材、设备、学生人数、学生运动能力等要素，合理组织教学活动。

（4）在教学过程中，注意因材施教，个性化教学。

（5）注意本次课与下次课的合理衔接。

（三）高校体育舞蹈教学课的课堂管理

具体来说，为保障课堂质量，在体育舞蹈课堂教学中，体育舞蹈教师应做好以下工作：

（1）明确教学目的。教学目的是课堂教学的出发点，也是教学活动的最终归宿，在体育舞蹈课堂教学中，教师必须明确教学目的，并使学生对教学目的有一定的了解，以使教学活动能有序展开。

（2）科学选择教学内容。教学内容是否科学关系到教学任务是否能顺利完成。教学内容的选择应该体现科学性与思想性的统一。

（3）正确选择教学方法。科学的教学方法有助于教师更好地"教"和学生更高效地"学"。体育舞蹈教学方法的选择应遵循学生认知和身心发展规律，从而有助于充分调动学生学习的积极性，有助于良好师生关系的建立和良好教学效果的获得。

（4）严肃课堂纪律。在上课之前，明确课堂教学秩序，使师生都能遵循课堂教学规定，以利于保证教学的顺利进行。

（5）正确处理安全事故。体育舞蹈教学中可能发生一些意外伤害事故，上课之前教师要做好预防预案，对课堂教学组织与管理做出周密、严谨的准备。教学过程中一旦有偶发事件发生，教师要保持冷静，并迅速反应、及时控制、果断处理，争取将伤害降到最低。

第四节　高校体育舞蹈课程设置现状与对策

一、高校体育舞蹈课程的设置现状

（一）学生的观念、意识较弱

由于一些高等院校对这项运动的宣传力度较弱，所以学生很难对体育舞蹈的各项价值形成充分的认识。仅仅依靠课堂教学来培养学生的体育舞蹈素养是远远不够的，还需要开展丰富多彩的课外体育舞蹈活动，为学生提供良好的学习和锻炼环境，使学生在课余时间的学习更具有自由性。课余活动的开展使体育舞蹈的教学有效地延续到了课外，学生依据自身的情况选择不同的锻炼方式，使自身发展的需要得到满足。高校体育教学中，为体育舞蹈课程安排的课时比较少，难以顺利实现预期的教学目标，开展课外体育舞蹈活动能够使这一矛盾得到解决。因此，学校应不定期地组织丰富多彩的课外体育舞蹈活动，加大对体育舞蹈的宣传力度，从而促进学生体育舞蹈观念和意识的增强。此外，学校也可以适当组织体育舞蹈竞赛活动，从而营造良好的学习氛围，使学生有机会展示自己、提升自己，这对于促进体育舞蹈课程教学质量的提高有很大的帮助。

学生对体育舞蹈的态度和学习体育舞蹈的动机主要由其对体育舞蹈的认识决定，学生跳好体育舞蹈的主要内在动力是拥有良好的习舞动机。人的一切活动都是受其动机支配的，参加体育舞蹈活动也不例外，只有动机正确，才能表现出潇洒大方的舞姿，才能通过肢体动作将体育舞蹈的艺术魅力展现出来，才能将不同舞种的风格展现出来，从而达到体育舞蹈的基本要求，达到促进身心健康的目的。但是，一些大学生受传统观念的影响，无法正确认识体育舞蹈在健身、健心、美学、社交娱乐等方面的功能与价值。另外，竞技体育舞蹈的技术动作比较难，对练习者提出了较高的素质要求，很容易对学生练习的积极性造成打击。此外，学生还未完全树立终身体育意识，还没有意识到参与体育舞蹈课程学习的重要性。

（二）教学设施不够完善

在高校体育舞蹈的教学中，师生教与学的心情、教学效果和教学质量的提高、课程目标的实现等都会受到教学环境的影响。在体育舞蹈教学中，需要具备的最基本的物质条件有宽敞明亮且配有镜子和把杆的体育舞蹈教室、功能齐全的音响设备等。但是，通过观察高校教学现状可以发现，高校中用于体育舞蹈教学的场馆、设施和器材等严重不足。而且，在高校体育舞蹈课程的开设与教学中，很多院校教学方法与手段单一，没有将电视教材充分利用起来，因此难以进一步深化学生所学的内容。在场地设施建设方面，高校领导没有给予高度重视，投入的经费较少，现有的设施又不足，一些院校在上体育舞蹈课时只能借用篮球馆或在室外上课。

以上教学设施方面的因素直接影响了体育舞蹈课程在高校的开展。对此，高校相关部门应及时采取有效的对策来对现有的体育舞蹈课程教学条件进行改善，从而使师生能够在整洁、宽松、优美的教学环境中教授与学习。

（三）师资力量薄弱

1. 师资缺乏

通过观察高校教学现状可以发现，体育舞蹈师资缺乏、教学水平较低是影响我国高校体育舞蹈课程开展的主要原因之一。为了完成教育任务，教师必须具备一定的专业素质。我国一些高校设置体育舞蹈课程的时间比较晚，师范院校和体育学院开设体育舞蹈专业也是近十年的事，分配到高校的体育舞蹈教师的数量更少，高校体育舞蹈课程亟待发展，而短期内无法扩大师资力量。因此，促进高校体育舞蹈课程改革与教学发展的主要途径是扩大教师队伍，增加专业教师数量，加强对教师的专业系统培训，提高体育舞蹈教师的教学水平，使教师及时更新自己的知识结构。

2. 专业水平低

在我国高校体育舞蹈课程的教学中，严重缺乏专业的体育舞蹈教师和教练，高水平的优秀教师与教练不多，这对体育舞蹈课的开展造成了直接的影响。此外，我国体育舞蹈教师普遍未具备较高的专业技术水平，有一些从体操、艺术体操、健美操等专业教师转行成体育舞蹈教师的人缺乏体育舞蹈理论相关知识，技能水平也有限，这些因素在一定程度上阻碍了体育舞蹈课程的开设。

3. 再培训与再学习情况不容乐观

当前，高校为体育舞蹈教师提供的培训机会比较少，而且名额有限，因此很大一部分教师在工作后很难再接受培训，也很少有机会可以继续学习。这就导致了其知识更新速度慢，知识结构老化，教学内容及手段过时等问题的出现，教师无法及时传授新的知识与技术也将直接影响学生的学习质量。

（四）课时设置过于紧凑

有一些高校领导认为，在所有的教育学科体系中，体育学科只是处于次要或辅助性地位，所以一学期只安排30学时左右的时间，这就造成了体育舞蹈课时少且比较紧凑的问题。

对学生的兴趣爱好进行培养，使学生对体育舞蹈基本舞种的基本舞步、动作进行了解与掌握，促进学生身体表现力和乐感的增强等是高校设置体育舞蹈课程的主要培养目标。为了完成这些目标，体育舞蹈教师需要把很多教学内容讲授给学生，如基本形体训练、各舞种的舞姿等，而对这些内容的教学需要花费一定的时间才能完成。但是，当前高校为体育舞蹈课程安排的课时明显较少，这样就很难在规定时间内完成教学任务，实现教学目标。

对于学生而言，因为体育舞蹈教学课时比较少，所以他们只能学习一些简单的形态动作与基本动作，而学习交谊舞、国标舞的需求往往得不到满足，此外，由于课时设置紧凑，所以体育舞蹈课程的教学质量难以得到有效的提高。因此，高校相关部门需要以体育舞蹈的教学规律和本校学生的实际情况为依据，来灵活安排与调整体育舞蹈课程的教学课时，适当增加课时，从而更好地满足学生的学习需求，更进一步地提高教学质量。

（五）专业教材缺乏

在高校体育舞蹈课程的开设过程中，教师的教与学生的学都离不开体育舞蹈教材这一重要的教学材料和课程资源。然而很多高校的体育舞蹈教学现状显示，目前均还未制定统一的体育舞蹈专业教材，很多学校都是由本校教师自己创编教学内容。思想上的不重视是造成体育舞蹈专业教材缺乏的主要原因之一。

体育类的课程一直都不是很受重视，其被定位为教育学科体系中的次要学科或辅助学科，再加上我国开展普及性的舞蹈艺术教育的时间比较短。因此，相关部门一直都没有重视对体育舞蹈的研究。尽管一些学者与专家在近些年出版了一些有关体育舞蹈的书籍，但大都是理论方面的著作，内容专业性较强，实用性较差，这对于普通高校普及型的体育舞蹈教学是不适用的。

体育舞蹈教学活动的顺利开展必须具备专业的课程教材，这是非常重要的先决条件。如果专业课程教材缺乏，就难以开展科学、规范、有针对性的体育舞蹈教学活动，而且会对高校体育舞蹈课程的可持续发展产生制约。因此，当前促进高校体育舞蹈教学不断规范的一个重要途径就在于加大研究体育舞蹈课程教材的力度，对体育舞蹈课程的教学理论体系进行完善，有关负责部门要高度重视这一途径的落实。我国相关体育与教育部门要尽快对与高校体育舞蹈教学现状相适应的统一教材进行编著，最好能够以专修课、选修课及普修课等不同课程类型的具体要求为依据来对系列教材进行编写，以使高校体育舞蹈教学活动顺利开展。

（六）教学内容的选择与定位不合理

通过观察高校的教学现状可以发现，当前影响我国高校体育舞蹈课程开展的因素中包括教学内容的选择与定位不合理这一项。国际标准交谊舞有较高的难度，因此不适合作为普及性教育的内容。在高校体育舞蹈课程教学中，缺乏系统的教学计划和完善的专项理论。由于不同地区的高校开展体育舞蹈课程的程度不同，而且大学生的舞蹈基础不一，因此选修该课程的学生的基础条件存在着比较明显的差异。一些学校在设置体育舞蹈课程的教学内容时，只涉及一些皮毛，因而难以使体育舞蹈的功能得到发挥，也难以使学生的学习需要得到满足。教师的专业水平有限、理论知识缺乏、教学目标不确定等是造成体育舞蹈教学内容选择与定位不合理的主要原因。因此，每一位体育舞蹈教师都需要思考这样一个问题，如何在体育舞蹈教学中将理论知识适当地融入学生的学练、实践中，使学生进一步认识与理解体育舞蹈文化。

体育舞蹈具有鲜明的美学特质，具体表现在动作美、音乐美、形体美等方面，体育舞蹈又具有健身、培养气质及文化修养等功能，所以在高校体育舞蹈课程教学中，应先教基本舞姿，再教基本技术动作，以此来使学生的体育舞蹈技能不断提高。但一些高校在具体的教学实践中，没有认识到这些教学内容在先后教学顺序上的重要性，教师完全以自己的主观意愿来安排教学顺序，这影响了学生对体育舞蹈的系统学习效果。

二、高校体育舞蹈课程的发展对策

（一）努力建设校园体育舞蹈文化

1.加大对体育舞蹈的宣传力度

通过观察高校教学现状可以发现，在我国普通高校中，对体育舞蹈运动不是十分了解的学生占大部分，而这也是对高校体育舞蹈课程设置与开展造成制约的一个主要因素。为此，高校应加大体育舞蹈的宣传力度，使学生能对体育舞蹈运动有更深入的了解。由于学生在校园中度过的时间很长，因此学校对体育舞蹈运动的宣传力度对学生了解体育舞蹈的程度有直接的决定性影响。倘若高校加大宣传体育舞蹈的力度，使大学生尤其是男学生深入认识体育舞蹈运动，那么选修体育舞蹈课程的学生将会增加，体育舞蹈课堂上男女生比例失调的问题也会得到有效的解决。

高校可以通过以下三个途径来加大宣传力度：

（1）张贴校园海报

高校应通过张贴校园海报的形式加大对体育舞蹈文化的宣传力度，使学生对参与体育舞蹈活动的价值与意义有所了解。没有设置体育舞蹈课程的高校也可以通过这一途径或利用校园广播来宣传体育舞蹈，使学校领导、老师和学生都能够多了解一些关于体育舞蹈运动的知识。

（2）在校园网中上传视频

高校可以利用校园网来发布一些有关体育舞蹈的内容，如精彩的体育舞蹈演出视频、体育舞蹈文化信息，这是对网络教育进行贯彻与落实的有效途径。这样，学生在课余时间也能够通过网络来对体育舞蹈运动进行了解，从而提高学习兴趣。

（3）成立体育舞蹈俱乐部

高校可以组建体育舞蹈俱乐部，为学生接触与学习体育舞蹈提供良好的环境与机会。体育舞蹈俱乐部要通过组织与举办体育舞蹈活动来对体育舞蹈文化进行宣传，俱乐部成员也可以去其他未开设体育舞蹈课程的高校做表演，以此来使这些高校的领导、老师、学生更加直观地了解体育舞蹈运动，从而带动未开设这一课程的高校设置体育舞蹈课程，重视体育舞蹈运动教学的开展。

2.广泛开展体育舞蹈活动

（1）校园体育舞蹈活动

在高校中，有一些学生对体育舞蹈非常感兴趣，求知欲很强，因此只通过课堂教学是无法满足其学习需求的，其需要更多的机会与平台来深入学习体育舞蹈，并将自己所学的技能展示给他人。这就要求高校在课余时间开展有关的体育舞蹈活动。

①组织舞会

高校应多组织一些舞会，使学生有机会将课堂所学技能在实践中加以运用，提高学生的实践与应用能力，并以奖励的方式提高学生的参与积极性，积极鼓励跳得好的学生，从而进一步激发学生的学习热情。

②成立俱乐部

体育舞蹈俱乐部能够为喜欢体育舞蹈运动的学生提供更多的学习与交流机会，学生也可以通过这一平台自发地组织有关体育舞蹈的课余活动，这对于广泛宣传体育舞蹈运动非常有效。

③举办辩论会或竞答活动

高校通过组织体育舞蹈知识的辩论会或有奖竞答活动等形式，也能够非常有效地宣传体育舞蹈。通过组织这些活动，学生会主动学习体育舞蹈的相关理论知识，从而丰富自己的知识储备，提高自身对体育舞蹈的认知水平。

（2）开展社会实践活动

一些高校教师认为，高校体育舞蹈课程发展受限的主要因素在于开展这项运动所需的经费比较多。从现状来看，高校并不注重举办相关的体育舞蹈活动，学生所学的技能就无处运用和施展。要想使学生学有所用，更好地实现自我价值，就需要为学生提供良好的社会实践机会，如定期举办稍具商业性质的大型舞会或者演出等活动，这样不但可以解决学而无处用的问题，还能够使学校经费紧张的问题得到缓解，从而为体育舞蹈课程的发展提供基本保障。

（二）加强教学场馆的建设

体育舞蹈运动中，健身性体育舞蹈对场地的要求比较低，而竞技性体育舞蹈则对体育场地的要求较高。通常学生参与健身性体育舞蹈，只需一块普通平坦的室内场地就可以。高校领导应高度重视体育舞蹈课程的开设，认识到其对学生全面发展和落实素质教育的重要性，从而增加资金投入，对一些专业的体育舞蹈场地进行建设，确保体育舞蹈课程教学活动与课余活动的顺利开展。

（三）加强师资队伍建设

从目前高校开展体育舞蹈教学的现状来看，在已经开设体育舞蹈课程的高校中，学生对于体育舞蹈教师的专业水平并不是很认可。体育舞蹈教学的发展直接受到体育舞蹈教师专业水平的影响，因此，推动体育舞蹈课程发展的一个关键问题在于提高体育舞蹈教师的专业教学能力，具体可以从以下三个方面着手：

1. 坚持"引进来，走出去"

通过"引进来，走出去"的方式能够有效促进体育舞蹈教师的专业素养的提高。

"引进来"指的是高校可聘请国内外知名体育舞蹈专业人士和优秀体育舞蹈运动员来校开展讲座，对体育舞蹈教师进行专业培训。"走出去"是指学校要为体育舞蹈教师外出培训提供充足的机会与条件，让教师对体育舞蹈的最新相关动态、最新技术动作以及未来发展及时加以了解，从而不断促进体育舞蹈教师专业知识和技能的更新，提高其专业水平。

2. 举办学术研讨会和比赛活动

高校可以定期举办体育舞蹈学术研讨会和体育舞蹈比赛等活动，使体育舞蹈教师之间能够展开业务交流与学术交流。学校还需要积极表扬和鼓励在学术中、舞蹈比赛中表现突出的体育舞蹈教师，以此来激发其技术创新、学术创新的热情。

3. 增收学生

专业体育院校要以市场需要为依据来适当增收体育舞蹈专业的学生，从而培养更多的体育舞蹈专业人才。这样不但能够使高校体育舞蹈教师数量少、质量差的问题得到解决，还能够有效解决体育院校学生的就业问题。

（四）加强体育舞蹈课程教学内容的改革

体育舞蹈课程教学内容包括两个部分，即理论和实践。通过观察教学现状我们可以发现，注重实践教学而忽视理论传授的问题在很多高校都普遍存在，这也是学生不太了解体育舞蹈文化的主要原因。学生通过对自身身体形态的利用，能够以何种方式来诠释体育舞蹈，直接由其了解体育舞蹈文化的程度决定。由此可知，学生了解体育舞蹈文化是对学生开展实践教学的基础。所以，改革体育舞蹈课程内容不能仅从实践入手，还要兼顾理论，促进理论与实践的有机结合，从而更好地达到加强体育舞蹈课程建设的效果。

1. 理论方面的改革

在体育舞蹈课程理论教学方面，要增加与体育舞蹈文化相关的内容。通过观察教学现状可以发现，学生学习体育舞蹈后，在技能方面的收获比较明显，而对体育舞蹈文化知识的了解还是比较少，这主要是因为高校一味注重实践技能的教学，而没有将理论教学重视起来。学生在体育舞蹈课堂中，大部分时间都是在不断练习舞蹈技术动作，却不知道自己跳舞是为了什么，这就体现了体育舞蹈文化教育的缺失。体育舞蹈是一项通过肢体舞动来健美体魄、陶冶情操、净化心灵、增加友谊的运动，高校开设这一课程的最终目的是使学生全面发展。因此，高校在设置体育舞蹈课程时，一定要将理论与实践结合起来，不仅要使学生懂得如何跳，还要使其清楚为何跳，学生只有对体育舞蹈的意义有了真正的了解，才能通过肢体舞动将体育舞蹈的"魂"表达出来。如果学生不了解体育舞蹈的意义，那么即使能够非常熟练地展现舞蹈动作，也无法吸引观众。

2. 实践方面的改革

在体育舞蹈实践教学内容的改革中要注意两点要求，一是多设置一些舞种项目，二是按照难易程度对体育舞蹈课程进行级别的划分。

（1）增设舞种

通过观察教学现状可以发现，高校开设的体育舞蹈课程主要集中在恰恰、华尔兹两个舞种上，开展其他舞种的学校比较少，有些舞种在大部分高校几乎都没有涉及。体育舞蹈有 10 个舞种，不同舞种有不同的风格，而且其所蕴藏的文化与风土人情也各有不同。如果只简单开设一两个舞种，就会影响学生学习体育舞蹈课程的兴趣。因此，高校在体育舞蹈课程开设中需以本校实际情况为依据多进行一些舞种的教学，使学生能够多一些选择。增设舞种需要高校引进专业的体育舞蹈教师，这样才能保障各舞种教学的顺利开展。

（2）难易等级划分

一些高校无法开设体育舞蹈课程的原因在于体育舞蹈难度较大。这就要求体育舞蹈教师以学生的舞蹈基础及接受能力为依据，按照难易程度划分体育舞蹈的等级，一般可分为三个级别，即初级、中级和高级。一些体育舞蹈方面的专家认为，编排体育舞蹈动作时，随意性比较大，对于不同的人群，可以自由地对不同的舞蹈套路动作进行创编，这也说明对体育舞蹈课程进行等级划分是可行的，而且能够取得良好的教学效果。

此外，高校还要注意一个非常重要的问题，即增加体育舞蹈课程教学的课时。改革体育舞蹈教学内容需以增加课时为前提，这样学生才有充足的时间来学习、掌握体育舞蹈知识与技能。体育舞蹈舞种比较多，因此学生需要花费大量的时间才能充分掌握这项运动。而当前高校的体育舞蹈课时数普遍较少，因此学生只能粗略地学习一些基本知识和技能，根本不可能实现"学细、学精"的教学效果。为了保证体育舞蹈课程的顺利开展和促进教学效果的提高，高校需适当增加课时数，使学生深入了解体育舞蹈文化，充分掌握舞蹈技能。

第四章　体育舞蹈竞赛与组织

体育舞蹈在我国是一项新兴的体育运动项目，受到了广大群众与青少年的喜爱。1991 年，随着中国体育舞蹈协会的正式成立，体育舞蹈竞赛在国内得到广泛开展，竞技化水平越来越高。而体育舞蹈评判方式是实现体育舞蹈竞赛公平、公正，及保障体育舞蹈竞赛健康发展的关键。逐步健全与完善体育舞蹈竞赛评判方式，确保体育舞蹈竞赛的良性发展，对促进我国体育舞蹈事业的发展具有重要价值。

本章讲述的是体育舞蹈竞赛与组织，主要从两方面进行论述，分别为体育舞蹈竞赛形式与特点、体育舞蹈竞赛裁判。

第一节　体育舞蹈竞赛形式与特点

一、体育舞蹈竞赛的特点

在我国，体育舞蹈是一个年轻的体育项目。随着经济的飞速发展和人们文化生活的日益丰富，各种级别、规格的体育舞蹈比赛已在全国蓬勃开展。自 1991 年首届全国体育舞蹈锦标赛举办以来，体育舞蹈比赛从规模到形式都有了飞速的发展。单从参赛人数上来讲，体育舞蹈项目堪称我国非奥运会项目之最。作为体育舞蹈教师，了解和掌握体育舞蹈比赛的特点，熟知比赛模式，对今后组织和参与体育舞蹈比赛活动具有很强的实践指导意义。

最初的体育舞蹈比赛是从舞蹈节、艺术节类的形式演变而来的，因此既有文艺痕迹，又具有体育特点，是文艺与体育的结合、交叉和兼容。

（一）主持人制

体育舞蹈比赛自始至终都是在主持人的指挥和控制下运行的，主持人既是司仪、广播员、宣传鼓动员，又是观众的代言人，是裁判长与裁判员之间、比赛组织者与选手和观众之间的纽带和桥梁。

（二）"淘汰"与"顺位"相结合的比赛方法

体育舞蹈比赛从预赛至半决赛采用淘汰制比赛方式，即每个组别参赛选手不论人数多少，均按事先确定的各组顺序上场比赛。预赛一律采用半数淘汰制，裁判员按……96、48、24、12的规定晋级数量录取进入下一轮的选手，淘汰其余选手，直至前6名参加决赛。在决赛中，采用顺位法决定单项和全能的名次。由7—13名（必须是奇数）裁判员公开亮出选手的名次排位，依据本项目特有的顺位计分法计算出名次。因此，体育舞蹈的比赛具有很强的偶然性、刺激性、戏剧性和主观性，悬念层出、精彩纷呈。

（三）比赛和表演相结合

在体育舞蹈比赛之前，中间或结尾经常穿插国内外优秀选手的表演，既可以使比赛更加丰富多彩、气氛热烈，也可以使裁判员、选手和计分组等人员得以休息、核分和重新准备。

二、体育舞蹈竞赛的形式

（一）体育舞蹈竞赛的种类

世界比赛可划分为职业比赛和业余比赛，这两大类的比赛还可以细分为不同级别和层次的比赛。体育舞蹈竞赛的规模有世界性和全国性大赛，分为锦标赛、公开赛，还有双边的或地区性比赛，如邀请赛、友谊赛等。

1. 国际竞赛的分类

国际竞赛指由世界舞蹈组织举办的竞赛，或是某国发出申请，经由世界舞蹈组织依照规定流程批准之后在该国举行的国际竞赛。当前世界的舞蹈组织，依据竞赛的形式划分为职业舞协与业余舞协，前者是"世界舞蹈及体育舞蹈理事会"，后者是"国际体育舞蹈联合会"。

在世界舞蹈和体育舞蹈理事会，每年会定期举办 5 项正式的国际锦标赛，还会定期举办 2 项不以领先舞坛为目的的比赛。

（1）世界冠军赛

①组别设置。分为标准舞、拉丁舞、十项舞、队列舞、年长组冠军赛。

②参加人数。标准舞、拉丁舞——每个 WDSF 会员协会可以提名两对选手参加；十项舞——每个会员国协会只可派一对选手参加；队列舞——每种舞每个会员国邀请一队参加，主办国和在上届比赛中进入决赛的国家增加一队的名额；年长组冠军赛——标准舞五项，每个会员国可以提名两对选手参加，每位参赛选手必须年满 35 周岁。

（2）洲际冠军赛

①组别设置。分为标准舞、拉丁舞、十项舞、队列舞。

②参加人数。标准舞、拉丁舞——每个 WDSF 会员协会可以提名两对选手；十项舞——每国只可派一对选手参加；队列舞——每国可派一队参加，主办国可以派两队参加。

（3）次洲际冠军赛

①组别设置。分为标准舞、拉丁舞。

②参加人数。每个会员国可以派两对选手参加，主办国可以多派一对选手参加。

（4）世界锦标赛

比赛种类有超级世界杯赛、世界公开赛、国际公开赛。WDSF 将为上述各类比赛提供奖金及 WDSF 电脑系统的世界排名表。

（5）国际邀请赛

最少 4 个国家参加的、除去队列舞比赛以外的双人舞比赛，即可认为是国际邀请赛。

（6）国际队列舞邀请赛

最少 4 个国家参加的、名称为"国际队列舞比赛"的比赛，即可认为是国际队列舞邀请赛。

（7）世界杯赛

①组别设置。分为标准舞、拉丁舞、十项舞。

②参加组织。至少邀请 3 个洲 18 个以上会员国参加。如在欧洲以外地区举办，主席团将作相应安排。

③参赛资格。每个会员国只可派一对选手参赛。

（8）洲际杯赛

①组别设置。分为标准舞、拉丁舞、十项舞。

②参加组织。洲际杯赛必须邀请 10 个以上会员组织参加。如在欧洲以外地区举办，主席团将作相应安排。

③参赛资格。每个会员组织只可派一对选手参赛。

（9）国际队列舞比赛

①比赛种类。分为标准舞五项、拉丁舞五项。

②比赛举办。国际队列舞比赛应由会员组织内部协办，但每个国家舞协只能举办一次。

（10）公开赛

只有 WDSF 会员组织才能派员参赛，否则应由主席团批准。

2. 国内竞赛的分类

国内竞赛分为：全国锦标赛、全国城市锦标赛、全国青少年锦标赛、全国体育大会体育舞蹈比赛、全国公开赛、全国大奖赛（积分赛）、全国队列舞锦标赛、全国社交舞锦标赛。

（二）体育舞蹈比赛的组别

1. 国际体育舞蹈竞赛的组别

国际体育舞蹈比赛一般分为职业组和业余组两大类。

（1）职业组

职业组分为职业组和职业新星组。规则规定，凡在上一赛季获得职业组比赛前 6 名的选手不得参加职业新星组的比赛。

（2）业余组

业余组分为业余组、业余新星组、年龄组。其中，年龄组的分组较为灵活，一般依据比赛的规模和传统来设置年龄段。较常见的组别为：21岁及以下组、16岁及以下组和壮年组。参加壮年组比赛的一对选手，男、女年龄相加要符合一定的要求。

2. 我国体育舞蹈竞赛的组别

我国体育舞蹈大赛的主办单位通常是中国国际标准舞协会以及体育舞蹈联合会。我国主办的体育舞蹈竞赛可以划分为三大组别，分别是职业、业余以及专业院校。在我国的体育舞蹈竞赛中三大组别均是根据国际通行设项办法，将年龄作为分组设项的依据，主要内容如下所示：

（1）职业组

职业组设项可以划分为以下三个组别：

第一，职业A组。项目：标准舞、拉丁舞；参赛要求：在这一组别之中所有职业选手均可参加。

第二，职业B组。项目：标准舞、拉丁舞；参赛要求：这一组别的参赛资格，将上届锦标赛职业A组中获得竞赛前6名的选手排除在外。

第三，职业十项舞组。这一组别由职业及专业选手共同参与。

在职业组比赛中参赛选手是自愿报名的，专业院校选手在参加职业十项比赛这一项目时有权利退出，而其他类型的参赛选手一旦参赛是不能退赛的，并且在今后只拥有参加职业组各相关项目比赛的资格。新的参赛规定对专业院校参赛选手的参赛情况做了详细说明，那就是在校专业院校选手若是在新规定颁布之前就已经进入职业组，那么该类选手就继续保留在职业组中。已毕业的原专业院校选手，并且是从未进入职业组比赛的选手，在今后可以进入专业组或职业组，且不再拥有参加业余组比赛的资格。

（2）专业院校组

国内体育舞蹈大赛专业院校组的参赛人员，包括体育舞蹈专项招生院校中的在校生及特招生，设项内容如下：

①专业精英组。项目：标准舞、拉丁舞；参赛要求：所有组别均有参赛资格。

②专业成人组。项目：标准舞、拉丁舞；参赛要求：参赛选手的年龄需要在19岁及以上。

③专业青年组。项目：标准舞、拉丁舞；参赛要求：参赛选手的年龄需要在16—18岁。

④专业少年组。依据年龄还可以划分为三个组别。

第一，专业少年 A 组。项目：标准舞、拉丁舞；年龄：14—15岁；需要在此说明：此组别及以上组别，包括专业精英组、专业成人组以及专业青年组，参赛均需要跳5支舞，对于服装的要求按规定即可。

第二，专业少年 B 组。项目：标准舞、拉丁舞；年龄：12—13岁；参赛说明：需要跳4支舞并且参赛动作按指定教材 A 级以下，对于服装的要求按规定即可。

第三，专业少年 C 组。项目：标准舞、拉丁舞；年龄：11岁以下；参赛说明：需要跳4支舞并且参赛动作按指定教材 A 级以下，对于服装的要求按规定即可。

（3）业余组

在业余组中所有组别选手可依据年龄自动进入各组参赛，不强制要求参赛选手升组，分组如下：

①业余精英组。项目：标准舞、拉丁舞；参赛要求：自由进入。

②业余十项舞组。项目：标准舞、拉丁舞；参赛要求：所有业余组别中各选手均可参加。

③成人组。依据年龄还可以划分为三个组别。

第一，成人 A 组。项目：标准舞、拉丁舞；年龄：31—35岁。

第二，成人 B 组。项目：标准舞、拉丁舞；年龄：22—30岁。

第三，成人 C 组。项目：标准舞、拉丁舞；年龄：19—21岁。

④青少年组。项目：标准舞、拉丁舞；年龄：16—18岁。

⑤少年组。依据年龄还可以划分为五个组别。

第一，少年 A 组。项目：标准舞、拉丁舞；年龄：14—15岁；参赛要求：此组别及以上，包括业余精英组、业余十项舞组、成人组、青年组，均跳5支舞。

第二，少年 B 组。项目：标准舞、拉丁舞；年龄：12—13岁；参赛要求：需要跳4支舞，参赛动作按指定教材 A 级以下，对于服装的要求按规定即可。

第三，少年 C 组。项目：标准舞、拉丁舞；年龄：10—11岁；参赛要求：需要跳3支舞，参赛动作按指定教材 B 级以下，对于服装的要求按规定即可。

第四，少年组。项目：标准舞、拉丁舞；年龄：8—9岁；参赛要求：需要跳2支舞，参赛动作按指定教材B级以下，对于服装的要求按规定即可。

第五，少年E组。项目：标准舞、拉丁舞；年龄：7岁以下；参赛要求：需要跳2支舞，参赛动作按指定教材C级以下，对于服装的要求按规定即可。

⑥常青组。依据年龄还可以划分为两个组别。

第一，常青A组。项目：标准舞、拉丁舞；年龄：男55岁以上，女50岁以上；参赛要求：需要跳3支舞，女士的拉丁服装不能露出腰部。

第二，常青B组。项目：标准舞、拉丁舞：年龄：男60岁以上，女55岁以上；参赛要求：需要跳3支舞，女士的拉丁服装不能露出腰部。

（三）体育舞蹈竞赛的舞系与舞种

1. 舞系

舞系分为两类，分别是摩登与拉丁，在我国体育舞蹈竞赛中，分为少年、儿童两组，在当前只设有拉丁类舞系，在其他各组别中均设有两类舞系。

2. 舞种

其中，"C"代指恰恰舞，"R"代指伦巴舞，"S"代指桑巴舞，"W"代指华尔兹，"Q"代指快步舞，"T"代指探戈，"VW"代指维也纳华尔兹，"F"代指狐步舞，"P"代指斗牛舞，"J"代指牛仔舞。

（1）5支舞。主要包括W，T，VW，F，Q；S，C，R，P，J。

（2）4支舞。主要包括W，T，VW，Q；S，C，R，J。

（3）3支舞。主要包括W，T，VW；C，R，J。

（4）2支舞。主要包括W，T；C，R。

（5）表演舞。表演舞是指将拉丁舞动作作为载体，加之其他类别舞蹈表现形式的一种创作舞蹈。表演舞要求在3—4分钟之间完成全部舞蹈动作。表演舞在表演过程中要求男女舞伴间的托举动作设计不能超过3次，并且男女舞伴分手的舞蹈时间要在30秒以内完成。

在国际比赛中参加公开组和新人组的相关专业选手要跳5支舞；要求业余选手公开组跳5支舞蹈，新人组另定。国内比赛有自己的规则，舞蹈比赛分组中的参赛舞种不同，其他舞协在职业、职业新人、甲组、乙组等组别上各舞的设置及排列顺序也有所不同。

（四）体育舞蹈竞赛的服饰要求

由于体育舞蹈与服装之间有着重要关系，所以在体育舞蹈竞赛中对参赛者的服装有着严格的要求，并做了相应的规定。国际竞赛对标准舞参赛者服装的统一规定：男士穿燕尾服，女士穿不超过脚踝的长裙；对拉丁舞参赛者服装的统一规定：男士穿紧身裤、长袖衣；女士穿露背、腿的短裙。需要注意的是在竞赛中无论什么舞系，对于舞鞋的要求均是与服装颜色一致。

国际上体育舞蹈竞赛对参赛者的服装做了要求，国内的体育舞蹈竞赛也有自己的规定。国内对参赛选手比赛服装的要求，是由教育部健美操艺术体操协会规定的。

1. 女士的竞赛服装

（1）拉丁舞

拉丁舞对参赛选手竞赛服装的要求如下：

第一，颜色要求。服装除了纯肉色以外的颜色均可以使用，内裤的颜色必须是黑色或与服装同色。

第二，式样要求。舞者的臀部和胸部必须是完全盖住的，并且不能使用透明材料。在舞者站立时，要求裙子必须完全盖住内裤。

第三，鞋的要求。要注意穿着女式拉丁舞鞋。

第四，珠宝首饰要求。参赛选手要注意不要佩戴任何危险的饰物，并且作为竞赛评判长有权要求选手在比赛前去掉危险饰物。

第五，发型与化妆要求。不主张参赛选手妆容过分夸张或是发型过于复杂。

（2）标准舞

标准舞对参赛选手竞赛服装的要求如下：

第一，颜色要求。除了纯肉色以外的颜色均可以使用。

第二，式样要求。舞者不可以着两截式服装，即上下身分开的服装，服装的领口不允许开得过低，应能够将舞者胸部完全盖住。在舞者胸部至内裤下沿的部分要注意不要使用透明材料，还要求开叉裙只能开至膝盖，不能再高。

第三，鞋的要求。要注意穿着女式标准舞鞋。

第四，珠宝首饰要求。参赛选手要注意不要佩戴任何危险的饰物，竞赛评判长有权要求选手在比赛前去掉危险饰物。

第五，发型与化妆要求。舞者妆容，不允许太过夸张，发型不允许过于复杂。

2. 男士的竞赛服装

（1）拉丁舞

第一，上装要求。除了纯肉色以外的颜色或混合花色均可以使用。上装除了作为服装底料以外，可以使用透明面料做装饰，但是要求面料透明度不得超过25%。舞者上装必须是紧扣的，不可以穿着无袖上装。另外，舞者可以自行决定是否佩戴领带、蝴蝶结或领巾，若是系领巾则必须系紧置于衬衫里。

第二，整体服装颜色要求。对上装与裤子的颜色不做统一要求，可自行决定。

第三，裤子要求。禁止使用肉色、紧身及透明材料制作舞者裤子。

第四，装饰要求。可使用装饰。

第五，鞋的要求。要注意穿着男式拉丁舞鞋。

第六，珠宝首饰要求。参赛选手要注意不要佩戴任何危险的饰物，并且竞赛评判长有权要求选手在比赛前去掉危险饰物。

第七，发型与化妆要求。对男性舞者头发长度不做硬性要求，但若是舞者留有长发，则须系成马尾式。

（2）标准舞

第一，上装要求。选手可以穿着除肉色以外任何一种颜色的衬衣。A组竞赛的选手必须穿燕尾服，参加B组竞赛的选手可以穿马甲或燕尾服。需要注意的是上装必须打领带或领结。

第二，裤子要求。禁止使用肉色、紧身及透明材料制作舞者的裤子。裤子的颜色，不强制要求与上身同色，但必须是深色的。

第三，鞋的要求。要注意穿男式标准舞鞋。

第四，珠宝首饰要求。参赛选手要注意不要佩戴任何危险的饰物，并且竞赛评判长有权要求选手在比赛前去掉危险饰物。

第五，发型与化妆要求。选手头发长度不得超过衣领。

3. 少儿的竞赛服装

（1）女孩服装

第一，颜色要求。除了肉色以外的任何一种颜色均可以使用。

第二，式样要求。可以上身穿白色衬衣，下身穿黑色裙子，可以穿紧身连衣裤或 T 恤，可以穿单色连衣裙配同衣服颜色一致的连裤袜，还可以穿紧身连衣裤配裙子。

第三，装饰要求。禁止使用饰物，如蝴蝶结、亮片、羽毛等。

第四，面料要求。选手服装禁止单独使用透明面料或金属面料，可以通过同色的不同面料搭配使用，但必须是不透光的同色面料。

第五，鞋的要求。要求穿方跟（平跟）鞋，鞋的颜色可自行选择，鞋跟不得超过 3.5 厘米。选手袜子的颜色也可以自行选择，可以穿紧身肉色袜，但是不要穿网眼紧身袜。

第六，珠宝首饰要求。不允许选手佩戴珠宝首饰，如指环、项链等。

第七，发型要求。关于选手的发型，不允许梳复杂的高发型，不允许戴假发或发饰、染发，不允许使用带闪光质的发胶。

第八，化妆要求。不允许化妆，不允许选手戴假睫毛、假指甲、亮片，禁止使用人造橄榄油和指甲油。

（2）男孩服装

第一，式样要求。下装黑裤，脚下扣带以及黑色吊带的佩戴与否均可自行选择，可使用金属扣。上装平纹白色长袖衫，使用的面料最好是棉质或聚酯棉，不得使用带花样的面料，不得使用闪闪发光的面料；禁止戴燕子领以及将袖子卷起来。在进行相关比赛时，如拉丁舞和标准舞比赛，要求男孩服装必须戴黑领带或蝴蝶结，允许使用金属领带夹，但是要注意领带夹必须紧扣衬衫。

第二，装饰要求。不允许有装饰。

第三，鞋的要求。允许穿着黑色低跟皮鞋，允许穿着仿鹿皮鞋或漆皮鞋，这几种鞋必须满足跟高不超过 2 厘米，以及配以黑色袜子。

第四，珠宝首饰要求。不允许佩戴任何珠宝首饰。

第五，化妆要求。不允许化妆。

第六，发型要求。最好留短发，如果头发长，须系成马尾式。

第二节　体育舞蹈竞赛裁判

一、体育舞蹈竞赛评判方式现状

（一）以淘汰顺位法为主的评判方式

1.淘汰顺位法简介

目前，体育舞蹈竞赛规则仍采用1991年有英国皇家教师协会制定的《体育舞蹈竞赛规则（草案）》。在全国性和国际性体育舞蹈比赛中，裁判员一般由7—11人组成。裁判根据基本技术、音乐的表现力、舞蹈风格的体现、舞蹈编排、临场表现和赛场效果六大评分要素给予评定，即最终结果的判定是采用"淘汰法"和"顺位法"的方式进行。

淘汰法是体育舞蹈竞赛从预赛至半决赛常采用淘汰制评判方式，即根据竞赛编排，从参赛人员中按规定录取定量选手进入下一轮比赛，其余的选手被淘汰。具体操作方法：裁判员在项目打分表上采用mark（打"√"）形式判定进入下一轮比赛的参赛选手，根据大赛进入下一轮比赛参赛比例和选手的打"√"的数量，"√"越多表示成绩越好，以此判定淘汰的选手和进入下一轮比赛的选手。

顺位法是指裁判在体育舞蹈决赛中按顺位排列的方式计算出每位选手最终的比赛排名。具体操作过程表现为：在比赛中，裁判员需要对场上选手按照名次顺序逐一打出名次，即裁判员认为是决赛中第一名的选手给出名次"1"，第二名为"2"，第三名为"3"，以此类推。这种评判方式没有具体的分值，称为"排名制"。

2.淘汰顺位法评判的内容

淘汰顺位法的评判内容主要从六个方面展开，分别是基本技术组成部分、音乐表现、舞蹈风格、动作编排、临场表现和赛场效果（表4-2-1）。

表4-2-1　淘汰顺位法评判内容一览表

序号	组成部分	具体打分点
1	基本技术组成部分	（1）足和腿的动作 （2）身体姿态 （3）移动 （4）平衡性与稳定性

序号	组成部分	具体打分点
2	音乐表现	（1）节奏 （2）舞蹈精髓的掌握与展现
3	舞蹈风格	（1）舞蹈风格展现 （2）个人风格的展示
4	动作编排	（1）动作编排新颖并熟练运用 （2）体现舞种风韵难度动作展示 （3）套路编排科学，并能充分利用场地 （4）动作与音乐的完美融合
5	临场表现	（1）比赛中的随机应变能力 （2）专注、自信及良好的掌控能力
6	赛场效果	选手的仪表、气质和风度及赛场整体形象

3. 淘汰顺位法评判方式的优势与不足

（1）淘汰顺位法评判方式的优势主要表现在以下三个方面：

第一，从时间的经济性层面考虑，体育舞蹈采用淘汰顺位法的优势主要体现在缩短了比赛的时间，减轻了体育舞蹈裁判员的工作强度。

第二，体育舞蹈采用淘汰顺位法有助于提高大众对体育舞蹈的参与度，起到推广和普及体育舞蹈项目的作用。

第三，评判内容简洁，有利于发挥裁判员的主观能动性并做出快速评判。

（2）淘汰顺位法评判方式的不足主要表现在以下两方面：

第一，以淘汰顺位法为主评判方式的体育舞蹈竞赛，评判内容没有具体量化标准，同时，在采用淘汰顺位法进行名次排名时，容易出现判罚结果出现较大差异的情况。

第二，由于淘汰顺位法本身有很大的随意性、偶然性和竞赛分组的机遇性，因此决定了选手只能与该组别同场选手比赛，而不能与该项目其他选手同场竞争，使比赛选手之间有失公平、公正性。

（二）以评分法为主的评判方式

1. 评分法简介

在跳水、体操、花样滑冰、武术套路、体育舞蹈和花样游泳等项目中，运动员一方面专注高难度动作的完成，另一方面向裁判员和观众展现人体美和运动美。

而评判运动员展示的技艺性和动作技术的优劣主要依靠裁判员进行评判，其中重要的一种评判方式就是评分法。刘建立认为评分法的概念必须包括四个部分：一是评判的主观性，二是评判的普遍性，三是评判的重要性，四是评判的集体决策。[①]

体育舞蹈评分法是指裁判员依据体育舞蹈竞赛的评分规则和标准，并依靠自身的专业知识和经验本能判断，通过自身智力和一系列思维活动过程，对客观评判对象和主观评判行为做出某种认定或评判的方法，即体育舞蹈竞赛从初赛到决赛都采用评分的方式决定进入下轮比赛的选手以及选手的最终成绩。

2.评分法评判的内容

2009 年，世界体育舞蹈联合会对体育舞蹈评分标准进行了修订，增加了对舞蹈表现力以及双人配合等方面的考察，把这两个方面纳入评打分标准之中。随后，在 2013 年 WDSF 对体育舞蹈评判标准再次进行了修订，与 2009 年的评判标准相比，整合了"艺术"和"技术"两个方面。一方面，从横向上剖析，体育舞蹈的评判标准从五项变成了四项，分别是技巧素质、音乐动感、合作技巧和编舞演绎（表 4-2-2）。体育舞蹈评判标准显得更加简洁和明确。另一方面，从纵向的纬度来看，体育舞蹈评判标准所涵盖的内容更为全面。

表 4-2-2 体育舞蹈评分法评判内容一览表

评判维度	评判内容
技巧素质	舞姿、站姿、平衡能力
音乐动感	时值、基本节奏、音乐演绎、音乐素养
合作技巧	舞步、肢体接触／无肢体接触动作、动作组合
编舞演绎	基本功、舞蹈感受力、感知能力、音乐想象

技巧素质（Technical Quality，简称 TQ），是指对运动员的舞姿、站姿及掌握平衡的能力。可以理解为是身体线条、姿态与平衡两个版本评分的综合，使评判不再停留在具体的步伐，需要选手在掌握技术的同时，更深一层地展示动作本身与空间的三维交错，把技术提高到另一层面。

[①] 刘建立.体育竞赛中主观评分的概念、内涵及其评判特征研究 [J].体育与科学，2008（3）：78–81.

音乐动感（Movement to Music，简称 MM），其评分标准不再只是简单地就"时值"和"基本节奏"本身进行判断，裁判根据选手表现出的舞蹈与音乐是否符合，并且就选手对旋律音乐小节的演绎给出成绩。该项评判内容需要选手在具备良好的音乐素养的同时，对舞蹈风格有正确理解，在良好的技术动作基础上，使动作与音乐完美结合，做出完美的演绎。这是我国选手较为薄弱的方面。英国世界职业拉丁舞冠军阿兰·弗莱切尔在与中国体育舞蹈选手交流时就曾说："评审裁决时也不是看动作的多和快，而是看动作是否合乎节奏和音乐。可是我在比赛中看到你们满场都在'跑'，音乐和节奏之间是脱节的。"

合作技巧（Partneting Skills，简称 PS），是双人或多人从有肢体接触到无肢体接触的一系列为完成特定动作或组合这一目的而共同配合的过程技巧，是在这种合作基础上为达到一定的效果所采用的方式方法。要想达到这种标准，必定不能只是原始的依葫芦画瓢般，甚至一味模仿完成动作，而忽视内在的联系。可以看到，随着体育舞蹈的发展，国际赛场上的选手在组合套路上能够推陈出新，在基本舞步的发展下，运用不同技巧完成有一定难度的动作，为舞蹈增添魅力，其中最典型的代表是拉丁舞世界冠军迈克·乔安娜和乔安娜·露丽斯，他们以高难度的旋转配合和技巧征服了黑池、UK、WD。

编舞演绎（Choreography and Presentation，简称 CP），此项内容需要选手不仅拥有扎实的基本功，还要有一定的舞蹈感受力，能够准确而又细腻地传达情绪信息，将体育舞蹈融入音乐特征，一首舞曲的跌宕起伏，音色的强弱明暗，节奏的快慢缓急等情绪信息，在表演的这一刻塑造和启发了表演者的感知能力和音乐想象。在体育舞蹈竞赛中，个人项目比赛的音乐都是由组委会指定曲目，对选手来说，音乐往往具有不可知性，但是音乐所传达出的舞种风格却是相同的，只有通过对舞种准确的把握，编舞上充分表达舞蹈内容，营造出空间感和浓浓舞蹈氛围，加上表现力才能呈现出完美的舞蹈。

3. 评分法评判方式的优势与不足

（1）评分法的优势主要表现在以下三个方面：

第一，评分法的评判方式对体育舞蹈评判内容进行细化，并详细列出了每个具体的打分点，并且每个打分点都有相对应的分值和标准。

第二，减少了体育舞蹈裁判员的主观能动性，提高了体育舞蹈比赛结果评判的客观性和公正性。

第三，评分法克服了淘汰顺位法偶然性的缺陷，提高了比赛评判结果的准确性。

（2）评分法的不足主要表现在以下三个方面：

第一，整体上增加了体育舞蹈比赛的时间跨度，不仅对参赛选手的体能储备提出了更高的要求，而且在评判结果数据回收和统计方面耗时较长，也增加了体育舞蹈裁判员的工作量。

第二，以评分法为主评判方式的体育舞蹈竞赛，由于有参赛人数的规定与限制，也在一定程度上影响了大众对体育舞蹈项目的参与度和关注度。

第三，评分法较适于较高水平的体育舞蹈比赛，比如，职业体育舞蹈选手以及具有高水平的非职业体育舞蹈选手参加的比赛。而对于基层大众的体育舞蹈比赛，尤其是参赛选手水平较低时，此种评判方式意义不大。

二、体育舞蹈竞赛裁判工作

（一）规则和裁判

1.规则

规则是裁判员评分的主要依据，它产生于实践，又在实践中不断得到完善。规则既是法规，又是方法论，规则和技术是相互制约、相互促进的辩证关系。领队、教练员和选手应研究规则，用以指导和规范训练，顺利参赛。竞赛人员应懂得规则，为竞赛创造良好的环境。

规则的主要功能体现在如下三个方面：

第一，制约体育舞蹈的发展方向，促进体育舞蹈技术水平的提高。

第二，使竞赛有客观统一的评分标准，保证公平竞争。

第三，增加裁判员的知识，规范裁判员的工作，提高其裁判能力。裁判员更应努力学好规则，熟练、准确地运用规则。主管部门可在赛场上或平时定期考核裁判员，提高裁判员水平及素养。

2.裁判资格

裁判员（评委）要严肃、认真、公正、准确地做好评判工作，必须具有良好的业务能力和道德品质。世界比赛的专业裁判员由英国皇家舞蹈协会考核审定。裁判员按等级可分为以下三种：学士资格、会士资格、范士资格。

3.裁判组的组成及工作

裁判组通常设裁判长一名，裁判员若干名。上场裁判必须是单数，全国性、国际大赛设裁判员 7—11 名。裁判员姓名在裁判评分上用英文字母 A、B、C、D……代表。

赛前，由裁判长制定裁判员代用字母，宣布裁判轮换方法，提出注意事项。

由裁判长指派裁判员位置，位置根据裁判员人数和代用字母顺序按逆时针方向等距排开。赛中，裁判员可以离位移动，观察选手动作，但在评判下一组选手前应回到原位。

评判前，裁判员应在评论表裁判字母上圈上各自的代号，并核对上场选手的背号，必要时请裁判长逐一宣布选手背号。

评判时，裁判员应快速、准确地判定选手的情况，决定取舍，按预定要求做出记号并签字，再将评分表交给跑分员。

裁判长应注意控制比赛的节奏，善于增加比赛各环节的联系，防止意外事故发生。

4.裁判职责

（1）裁判长职责

裁判长负责整个比赛评判工作的公正、准确和对违章裁判员的处理，及时解决赛场上出现的问题，并向上级汇报。

①赛前：召开裁判会议，宣布裁判纪律，统一评分观点，结合竞赛规则研究评分细则，观看选手练习，确定赛场裁判的替换方法。

②赛中：负责比赛的正常运行，检查裁判员的评判是否公正、准确，监督各舞种评分标准的执行情况。如果出现问题，则裁判长有权暂停比赛，召集临时会议，并调整记分组与裁判员的配合。检查最后记分结果和名次评定结果，并签字认可。

③赛后：召开裁判会议，总结比赛和评判情况，写出书面报告交上级主管部门，并对裁判员做出工作鉴定。

（2）裁判员职责

裁判员应具有良好的职业道德和精湛的业务水平，获得国际或国内的裁判等级和资格证书，熟悉竞赛规程和裁判法，通晓音乐，具备良好的身体素质，讲文明、懂礼貌、有风度。

①赛前：准时报到，按时参加裁判会议，认真研究评分细则，观看选手练习。

②赛中：准时到达赛场，做好赛前准备工作；根据选手临场表现，客观地评判并签名；与跑分员、举分员密切配合，若出现问题及时向裁判长报告；与裁判组以外的人员接触时不议论评判情况；休息时不远离赛场，随时准备上场替换。

③赛后：自我小结，参加裁判总结。

（二）评判

1.评判要素

（1）基本技术：①足部动作；②姿态；③平衡稳定；④移动。

（2）音乐表现力：①节奏；②风格的理解和体现。

（3）舞蹈风格：①区别各种不同舞种之间的风格和韵味的细微差别；②个人风格的展现。

（4）动作编排：①动作流畅新颖，运用自如；②体现舞种的基本风韵，并有一定的技术难度；③动作与音乐密切配合，发挥完美效果；④编排有章法，能充分利用场地。

（5）临场表现：①赛场上的应变能力；②良好的竞技状态，专注、自信，能自我控制临场发挥的水平。

（6）赛场效果：舞者的风度、气质、仪表、仪态、入场、退场的总体形象，也称赛场六要素。在六要素中，前三项主要就选手的技术水平而言，后三项就选手的艺术魅力而论。

在第一、二次预赛中，裁判员着重于前三条要素的评判；在半决赛时，则着重于后三条要素的评判；在决赛中，则应全面地评判选手各项要素的表现情况。

2. 比赛场地与服装

（1）比赛场地长 23 米、宽 15 米。选手按逆时针方向运行，交换舞程线时应过中心线。

（2）竞赛服装规定：摩登舞，男选手穿燕尾服，女选手穿不过脚踝的长裙；拉丁舞服装应有拉美风格，男、女选手服装必须相协调，男选手下身穿紧身裤或萝卜裤，上身穿宽松式长袖衣，女选手穿露背、腿的短裙，男、女选手舞鞋应与服装颜色一致。摩登舞男选手一般穿黑色舞鞋，女选手穿 5—8 厘米的高跟船鞋，鞋面可加镶嵌亮饰。男选手的拉丁舞鞋同摩登舞鞋，女选手穿高跟鞋或有襻凉鞋，鞋面亦可镶嵌亮饰。

（3）男选手可留分头，头发前不遮耳、后不过颈，不能留长头发、长须；女选手可留短发或梳长发盘髻，可加头饰，不可披长发。服装的样式、色彩应随时代的发展不断变化。

3. 对选手的规定

（1）不允许在同类舞场中交换舞伴。

（2）准时入场，否则按弃权论处。

（3）编组后不能改变组别。

（4）摩登舞比赛必须男、女交手跳舞，拉丁舞比赛不许出现托举上肩、跪腿等动作。

4. 赛曲时间与节拍规定

比赛时的舞曲，如华尔兹、探戈、狐步舞、快步舞、桑巴、恰恰恰、伦巴和斗牛舞，其音乐至少播放一分半钟，维也纳、华尔兹和牛仔舞则最少播放一分钟。

在所有比赛里，每种音乐必须具备其舞蹈特色，如拉丁美洲舞就不宜使用迪斯科音乐。

（三）影响裁判员评判客观性的主要因素

在实际的体育舞蹈竞赛的评判过程中，裁判员临场易受各种主、客观因素的影响，在这些因素中，有些是确定的、可控的，有些是随机的、不可控的，其中最主要的影响因素为裁判员的职业道德和业务水平、规则的可操作程度、监督与制约机制的不完善。

1. 裁判员职业道德水平的影响

不可否认，在体育舞蹈竞赛中，具有良好的职业道德水平是做好裁判工作的重要前提，体育舞蹈裁判员是体育舞蹈竞赛公平、合理进行的综合体现者和执法者。裁判员应该避免评判自己的学生，如果无法避免，就应采取客观态度去评判；对于评判不是自己学生的选手，也不应怀有门派偏见。在评判中，也不能因为赛事级别的不同或组别的高低而存在松懈、怠慢的情绪。总之，体育舞蹈竞赛需要的是公正无私、严肃认真、谦逊果断的裁判员。

2. 裁判员业务能力的影响

体育舞蹈裁判员的业务能力包括：裁判员自身的技术水平、临场执裁经验、对舞蹈风格和发展趋势的理解、临场心态、对规则的理解程度等。由于体育舞蹈运动在我国开展的时间不长，我国体育舞蹈裁判员的年龄结构、学历结构和培训体制尚不完善，不同年龄、学历层次的裁判员业务水平和执裁经验有较大的差别。体育舞蹈不同于其他技能类项目，它的舞种和组别分类较多，不同的舞种有着不同的技术特点与风格。而且，在竞赛中采取的是多名选手同场竞技，比较优劣的竞赛方法，赛场上往往会出现 20 多对选手同时比赛的情况，裁判员要在几分钟内勾出前几名选手的背号，这些都加大了裁判员评判的难度。因此，成为一名优秀的体育舞蹈裁判员，除了国家多提供锻炼机会外，自身还要不断加强业务学习，全面提高素质。

3. 竞赛规则的影响

规则是一种契约，它是所有组织化行为得以进行的前提。体育竞争中的规则是竞赛得以公平、公正进行的保证。我国现行的《体育舞蹈竞赛规则草案》是由中国体育舞蹈运动协会（2002 年 8 月后更名为中国体育舞蹈联合会）于 1991 年在参考英国皇家舞蹈协会竞赛规则的基础上制定的试行草案，它是我国唯一一部有关体育舞蹈的竞赛规则，一直沿用至今。该规则中列出了六条评判标准，即基本技术、对音乐的表现力、舞蹈风格的体现、舞蹈的编排、临场表现和赛场效果。这些标准的外延极为宽泛，且没有量化的指标，致使不同裁判员对竞赛规则的理解和运用存在着差异。在比赛时，每位裁判员在短短几分钟内既要看场上每对选手的表演，又要根据众多规则条款进行判断和比较，评判出场上多对选手的名次，往往造成顾此失彼，执行时自由度加大，从而造成评判结果的偏差增大。因此，我国体育舞蹈规则的进一步完善是体育舞蹈竞赛朝着公正、健康方向发展的必要条件。

4. 制约与监督机制不完善的影响

目前，根据体育舞蹈竞赛现状可知，我国对于体育舞蹈竞赛裁判员的执法监督机制还不够健全，许多竞赛的纪律监察委员会和仲裁委员会形同虚设，没有完全发挥其制约与监督职能，这必将阻碍我国体育舞蹈竞赛的健康发展。因此，结合目前实施的体育舞蹈裁判员管理条例，取长补短，拾遗补缺，健全更为客观、更加细化的管理与监督体制十分必要。

三、影响体育舞蹈竞赛评判方式的因素

（一）赛事目的

赛事目的通常是指行为主体根据自身的需要，借助意识、观念的作用，预先设想的行为或结果。传统的体育舞蹈竞赛是以竞技为主题，创造优异的运动成绩是体育舞蹈参赛选手所追求的。纵观近年来我国体育舞蹈的发展情况，体育舞蹈赛事的目的和任务会对体育舞蹈竞赛评判方式产生一定的影响。如果体育舞蹈大赛只立足于点（个人）或线（小团体）参与竞赛，大赛目的是追求体育舞蹈参赛选手的个人能力，同时，大赛的任务是提升参赛选手的竞技能力和赛事的影响力，那么，体育舞蹈大赛一般都采用评分法的评判方式。换言之，这在一定程度上凸显出其不利于选手（大众）对体育舞蹈项目的参与的一面。如果体育大赛的目的和任务分别是吸引更多体育舞蹈选手参与比赛和推广体育舞蹈项目的普及，那么，体育舞蹈大赛一般常采用淘汰法与顺位法的评判方式。综上所述，体育舞蹈赛事的目的和任务在一定层面上也影响着体育舞蹈的评判方式。

（二）赛事规格

规格泛指规定的标准、要求或条件。我国体育舞蹈比赛一般都是由各地的体育舞蹈协会主办的，赛事的规格、项目的设置，以及参赛选手的水平等方面，也呈现出多样性和复杂性的特点。如湖南省第二十五届国标舞锦标赛就分为全国公

开邀请赛和湖南省锦标赛两个级别的比赛，其中，全国公开赛的水平明显要高于湖南省锦标赛组的水平。参赛运动员的技术水平也是体现比赛规格的重要组成部分，参赛运动员的技术水平越高，相对而言，其比赛的规格也会越高。此外，不同规格的赛事在赛事宣传、赛事转播、裁判员队伍水平、场地设施条件和大赛工作人员的技能及服务等方面也会有很大的差异。显然，体育舞蹈赛事规格也是影响体育舞蹈评判方式的相关因素之一。

（三）赛事规模

规模是指事业、机构、工程、运动等所具有的格局、形式或范围。赛事规模是指赛事的参赛对象的范围、项目与组别设置、参赛人数的多少等。体育舞蹈竞赛项目最初主要包括摩登舞、拉丁舞、交谊舞、团体舞和街舞。我国于 2002 年和 2003 年分别将交谊舞和街舞从体育舞蹈竞赛项目中分离出来，在 2003 年全国城市体育舞蹈比赛中，增设了专业院校组，此次"庐山杯"共设三个组别，分别为职业组、专业院校组和业余组。

在 2009 年体育舞蹈公开赛开始，参赛组别增设到 14 个，分别为少儿组（11岁及以下）标准舞和拉丁舞、少年组（12—15 岁）标准舞和拉丁舞、青年组（16—18 岁）标准舞和拉丁舞、壮年 A 组（45 岁及以上）标准舞和拉丁舞、壮年 B 组（35 岁及以上）标准舞和拉丁舞等。一方面，赛事规模的扩大和比赛项目组别的细化有助于比赛质量的提升，吸引更多优秀体育舞蹈职业选手和业余选手参赛，另一方面，体育舞蹈组别的细化也为体育舞蹈评判增加了难度。因此，赛事规模也是影响体育舞蹈评判方式的相关因素之一。

（四）赛事时间

赛事时间是体育舞蹈竞赛安排的时间长短或天数。一般而言，规模大、规格高的赛事安排的时间较长，规模小、规格较低的竞赛，安排的时间较短。赛事时间的长短对评判方式也有一定的影响，主要表现为：一是赛事时间较短，要求赛事组织速度要快，就尽可能采取效率较高的淘汰顺位法；二是如果时间安排较为充裕，可以尽可能地采用评判准确性更高的评分法。

（五）赛事环境

体育舞蹈的赛事环境主要包括两个大的方面，一是体育舞蹈赛事的宣传，提高赛事的影响力；二是赛场环境，比如赛场地板、音响、灯光等硬件设施以及竞赛的相关制度及服务等软件方面的措施。赛事环境与体育舞蹈评判方式紧密相连，比赛的空间（如室内与室外）、场地设施、观众数量、比赛竞争的激烈程度等，均能对评判方式产生影响。如果在灯光和空间环境较好的环境中，那么可能更加有利于运动员的发挥，从而取得更好的成绩，观众掌声的大小，呼喊声的大小，也能够影响裁判员的判断。在竞争激烈的比赛环境中，这些也能使运动员的心理受到影响，从而影响运动员的发挥。

（六）裁判水平

裁判员的水平是保证体育舞蹈竞赛公平、公正的重要因素。体育舞蹈是属于主观评分的项目，不仅对裁判员的评分要求相对较高，而且要求裁判员能在短时间内做出准确的判断，精确地评判出微弱的差距。因此，裁判员的水平的差异，也要求选择不同的评判方式。对于经验丰富、水平较高的裁判员，可以多采用评分法，这种方式更能保证比赛结果的准确性。对于经验不足、水平不高的裁判员，常采用淘汰顺位法较好，他们只需在同伴之间判断好与不好，或者说上与不上、进与不进，无须在短时间内对细微动作做出清晰的把握。此外，体育舞蹈裁判员作为体育舞蹈竞赛的执裁者，应摒弃门派偏见，也不能因体育舞蹈赛事规模大小或参赛选手水平高低而存在怠慢和松懈的情绪。通常来说，体育舞蹈裁判员的业务能力主要集中在技术水平、对规则的理解、执裁经验和临场心态等方面，这些都是影响体育舞蹈评判方式的相关因素。

第五章　体育舞蹈教学实践

在舶来文化与中国文化的交融的背景下，我国体育舞蹈获得了不错的发展。本章讲述的是体育舞蹈的教学实践，主要从两方面进行具体论述，分别为拉丁舞教学指导和摩登舞教学指导。

第一节　拉丁舞教学指导

舞蹈是以人体整体和肢体的运动作为艺术手段的，不同的舞蹈具有各自不同的表现手段，舞蹈的形式不同，也就形成了各自不同的舞蹈风格和特色。

自 15 世纪起，具有浓郁的非洲特色的民间舞蹈被带进了拉美地区，并且与拉美地区其他国家移民的舞蹈相融合，逐渐形成了具有拉丁美洲特色的拉丁舞。拉丁舞的舞步和风格基本上都是源自该地区的土风舞。拉丁舞是流行于拉丁美洲的民间舞蹈，所以，其全称是拉丁美洲舞。

拉丁舞具有鲜明独特的风格，具有浪漫、热情、奔放等特点。拉丁舞的动作豪放粗犷，速度多变，手势和脚步内容丰富，充满激情。鲜明强烈的音乐节奏、多变的舞步、优美舒展的舞姿，使其具有较高的技巧性和艺术性，不仅能够充分展示出人体的曲线美，还能体现出浪漫的情调和丰富的感情等。

不同的舞蹈具有各自不同的风格和特点。拉丁舞属定位舞，其特点主要体现在以下三个方面：一是不受舞程线的束缚和制约，步幅不大，活动范围较小；二是舞伴之间可贴身、可分离，各自在固定范围内辐射式地变换方向、角度，展现舞姿；三是音乐多沿用爵士乐的韵律，常见切分音，节奏鲜明，富于弹性且热情洋溢。

作为国际标准舞中的一个舞系，拉丁舞包括五个舞种，即性情交融的伦巴、快中见美的恰恰、风格别致的桑巴、激情奔放的牛仔舞、振奋人心的斗牛舞。

一、伦巴舞教学指导

（一）伦巴舞理论知识教学

1. 伦巴舞的起源与发展

伦巴舞（Rumba），被誉为"拉丁之魂"，据考证其起源于古巴。在 20 世纪初形成一种独立的舞蹈形式，即现代伦巴舞。

伦巴舞是一种表现男女之间浪漫情感的舞蹈，其产生之后迅速风行于欧洲各国，并在世界各地受到众多舞蹈爱好者的欢迎。

2. 伦巴舞的风格与特点

伦巴舞是一种典型的拉丁舞蹈，具有舒展优美、婀娜多姿，柔媚抒情的风格。在舞蹈过程中，舞者以轻松柔和的髋部动作和人体曲线美表现爱情的浪漫。

伦巴舞属于非行进式的舞蹈，在舞蹈动作上，不强调大幅度的移位，动作有序，舞步婀娜多姿，基本步法的特点是臂、胯、膝、足配合，其动作先是脚柔和地弯曲使脚踝直提起趾尖沿地面向前进，再将重心前移，掌踏下后全脚着地，膝盖伸直胯向后摆转，另一脚则膝部放松准备第二步行进，动作韵律自然流畅地通过脚、腿和臀胯，避免动作的夸张和用力。伦巴舞的胯部动作是通过身体拉伸后的自然放胯，而非左右摆动，做胯部动作时，重心脚踏下后，脚跟用力伸至"超伸"，胯部经旁后压转，并注意胯部、脚步、音乐的配合。

伦巴的音乐节拍是 4/4 拍，每分钟 28—31 小节，重音在第一拍和第三拍。伦巴的舞曲节奏独特鲜明，使用拉丁美洲打击乐器，给人以轻松、甜美之感。伦巴舞音乐缠绵深情，再配以柔美的动作，使整个舞蹈充满了浪漫的情调。

（二）伦巴舞技术动作教学

1. 基本动作

伦巴舞最基本的舞步，是学练其他舞步的基础，伦巴舞舞步技术动作（图5-1-1 所示），具体如下：

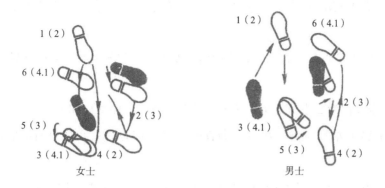

图 5-1-1　伦巴舞舞步技术动作

（1）男士左脚前进，胯左后摆转（前脚掌平面）；女士右脚后退，髋右后摆转（重心脚外展）。

（2）男士重心后移至右脚，胯右后摆转；女士重心前移至左脚，胯左后摆转。

（3）男士左脚横步稍后，胯经前向左后摆转；女士右脚横步稍前，胯经前向右后摆转。

2. 扇形步

扇形步是男士和女士展现的一种特殊舞姿，节拍为 1 小节 3 步（图 5-1-2），具体动作如下：

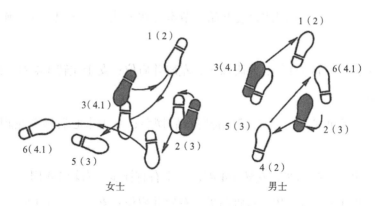

图 5-1-2　伦巴舞扇形步舞姿

（1）男士右脚后退；女士左脚前进，准备向左转。

（2）男士重心前移至左脚，右手带领女士左转；女士上右脚准备左转，右脚后退。

（3）男士右脚步横步，与女士分离，左手握女士右手；女士左脚步后退，与男士分离。

（4）男士重心移至右脚，右胯摆出；女士重心移至左脚，右胯摆转。

3. 曲棍步

曲棍步节拍为 2 小节 6 步，从扇形舞姿准备，具体动作如下：

（1）男士左脚前进；女士右脚收并左脚，拧胯，重心移至右脚收腹上提，两脚相夹。

（2）男士重心后移至后脚，收腹上展；女士左脚前进，手臂打开。

（3）男士左脚并右脚，左手拇指向下锁住女士；女士右脚前进，靠近男士左侧，手臂前上。

（4）男士右脚后退，稍向右转 25°，手指相接；女士左脚向左斜出 25° 前进，准备左转。

（5）男士重心前移至左脚，身体不变；女士右脚横步稍前，左转 5/8 周与男士相对位。

（6）男士右脚前进，从第 4 步至第 6 步共转 1/8 周；女士左脚后退，从第 4 步至第 6 步共转 5/8 周。

4. 纽约步

纽约步共 6 步，从闭式舞姿开始，节奏为快—快—慢—快—快—慢。具体动作如下：

（1）男士右转 1/4 周，左脚前进，左肩并肩位；女士左转 1/4 周，右脚前进，左肩并肩位。

（2）男士重心后移至右脚，胯向右后摆转；女士重心后移至左脚，胯向左后摆转。

（3）男士左脚横步，左转 1/4 周；女士右脚横步，右转 1/4 周。

（4）男士左转 1/4 周，右脚前进，右肩并肩位；女士右转 1/4 周，左脚前进，右肩并肩位。

（5）男士重心后移至左脚，胯向左后摆转；女士重心后移至右脚，胯向右后摆转。

（6）男士右脚横步，右转 1/4 周；女士左脚横步，左转 1/4 周。

5. 右陀螺转

右陀螺转是一种原地旋转舞步，节拍为 2 小节 6 步（图 5-1-3），具体动作如下：

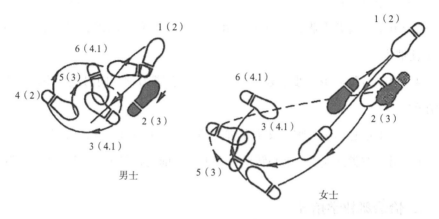

图 5-1-3　伦巴舞右陀螺转

（1）男士左脚前进由开式合为闭式，与女士肩对肩；女士右脚后退。

（2）男士重心移至右脚（右脚背步）；女士重心前至左脚。

（3）男士左脚横步有转度引带女士；女士右脚向男士双脚中间前进，成闭式舞姿。

（4）男士右脚掌踏在左脚跟后面右转；女士左脚横步，走直线。

（5）男士左脚横步（保持力度）；女士右脚交叉踏在左脚前，脚尖外开。

（6）男士右脚并脚（两腿保持吸力）；女士左脚横步，步距不要过大，注意右脚拧胯。

6. 右分展步

右分展步的舞步节拍为 1 小节 3 步，具体动作如下：

（1）男士左脚横步稍前，右手扶着女士（腰有力度）；女士右脚后退，右脚转 1/2 周。

（2）男士重心移至右脚；女士重心移至左脚，向左转 1/4 周。

（3）男士左脚并右脚；女士右脚横步，向左转与男士合成闭式舞姿。

7. 阿莱曼娜

阿莱曼娜的节拍为 2 小节 6 步。

（1）男士从扇位开始，左脚前进半重心；女士右脚掌向左脚并步，脚跟踏下拧胯。

（2）男士重心后移至右脚，退步要小；女士左脚前进，展示腿形美。

（3）男士左脚并右脚，手过头呈 30° 角；女士右脚前进靠近男士，不要超过男士领带线。

（4）男士右脚后退，步子要小些；女士以右脚为轴，向男左臂下转 1/4 周，左脚在前。

（5）男士重心移至左脚；女士左脚为轴，继续右转 1/4 周，右脚前进。

（6）男士右脚并左脚，重心转换；女士左脚前进，右转 1/4 周，成闭式舞姿。

二、恰恰舞教学指导

（一）恰恰舞理论知识教学

1. 恰恰舞的起源与发展

恰恰舞最早起源于非洲，之后传入南美洲，在 20 世纪 30 年代由曼波舞及美式 Lindy 舞演变产生，并在古巴获得了较快的发展。大约 20 世纪 50 年代在美国舞厅流行开来。恰恰舞是国际标准舞拉丁舞中最年轻的一种舞蹈形式。

2. 恰恰舞的风格与特点

恰恰舞的舞蹈动作比较特殊，舞步利落花哨，是模仿企鹅的动作创编而成的一种舞蹈，每个舞步都在脚掌施加压力，重心在脚上时，放低脚跟，伸直膝关节，用稍离地面的踏步表现欢快的心情。恰恰舞在舞蹈过程中，强调线条拉伸的优美，舞者胯部的扭摆不强调大和多，而是强调自然、顺畅，风格诙谐俏皮，借以表达青年男女之间追逐嬉戏的情景，深受年轻人喜欢。

恰恰舞名称动听，节奏欢快易记，音乐很容易辨认，恰恰舞的音乐节拍为4/4 拍，速度每分钟 31 小节左右。音符通常是短音或是跳音，配以邦伐斯鼓和沙球的"咚咚""沙沙"，音乐热情奔放。

由于恰恰舞和伦巴舞均起源于古巴，具有相同的文化背景，因此这两种舞也有一定的相同之处，具体表现在以下三个方面：

（1）男女士握持相同、舞姿相同。

（2）舞步动律有相同的髋部动作。

（3）舞步的名称相同，舞步结合可以通用。

（二）恰恰舞技术动作教学

1. 基本动作

恰恰舞的基本动作由五步组成，初学者学练可先不加胯部动作，具体动作如下：

（1）男士左脚前进，先移重心不必出胯；女士右脚后退，步子稍小些，身体上展。

（2）男士重心移回右脚，两腿间有相互的吸力；女士重心移回左脚。

（3）男士左脚横步，注意手臂与腿部动作一致；女士右脚横步。

（4）男士右脚向左脚并步，踮脚跟，双膝稍弯；女士左脚向右脚并步，踮脚跟，双膝稍弯。

（5）男士左脚横步，直膝；女士右脚横步，直膝。

（6）男士右脚后退；女士左脚前进。

（7）男士左脚原地踏一步；女士右脚原地踏一步。

（8）男士右脚横步；女士左脚横步。

（9）男士左脚向右并步，踮脚跟，双膝稍弯；女士右脚向左并步，踮脚跟，双膝稍弯。

（10）男士右脚横步，直膝；女士左脚横步，直膝。

2. 扇形步

恰恰舞的扇形步从闭式舞姿开始，两人同时打开扇形位，具体动作如下：

（1）手臂握持正确，运步过程中，男女士的手要有一定的张力和拉力。

（2）同做基本步的前半部分，在合并步时，向左移转 1/8 周，3 退步要小些，重心不必全落在后脚，女士后退时应在男士拉力下伸展。

（3）横步恰恰舞动作尽可能小，作为一小节的结束拍，可稍作休息，为下一步的展示做准备。

（4）上身与下身的感受保持一致，动作与音乐感受保持一致，根据音乐来决定步子的大小和轻重。

（5）男士引导的手臂向上准备做扇形步引导，身体有反身动作。

（6）男士右脚后退，右转 1/8 周；女士左脚前进，准备左转。

（7）男士左脚原地踏一步，身体左转 1/4 周；女士右脚横步稍后，左转。

（8）男士右脚横步；女士左脚后退。

（9）男士左脚并右脚，手臂在胸前向外展；女士右脚并左脚。

（10）男士右脚横步，稍前，打开成扇形步；女士左脚横步，稍前，体会男士引导的张力。

3. 曲棍步

恰恰舞的曲棍步由扇形位开始，具体技术动作如下：

（1）男士左脚前进；女士右脚向左脚并步，右脚跟用力踏下，拧胯，左脚跟抬起，重心在右脚。

（2）男士右脚原地踏一步；女士左脚前进。

（3）男士左脚后拉；女士右脚前进。

（4）男士左脚并右脚，左脚后点步；女士左脚掌踏在右脚后，注意手臂配合。

（5）男士左脚向右脚并步，手臂动作不宜过大；女士右脚前进。

（6）男士右脚后退，略向右转；女士左脚前进注意出脚的速度要快，步子要尽可能小些。

（7）男士左脚原地踏步并向右转，与前一步共转 1/8 周，左手带领女士在后半拍向左转；女士右脚前进，后半拍左转 1/2 周。

（8）男士右脚踏步；女士左脚踏步，稍后继续左转，与 3 步共转 5/8 周。

（9）男士左脚掌并在右脚跟后；女士右脚后退交叉在左脚前。

（10）男士右脚前进，直膝；女士左脚后退，直膝。

4. 纽约步

纽约步舞步技术动作（图 5-1-5 所示），具体如下：

（1）男士右转 1/4 周，左脚前进，左肩并肩位；女士左转 1/4 周，右脚前进，右肩并肩位。

（2）男士右脚原地踏一步，后半拍准备左转；女士左脚原地踏一步，后半拍准备右转。

（3）男士左转 1/4 周，左脚横步；女士右转 1/4 周，右脚横步。

（4）男士右脚并左脚；女士左脚并右脚。

（5）男士左脚横步，直膝，准备左转；女士右脚横步，直膝，准备右转。

（6）男士左转 1/4 周，右脚前进，右肩并肩位；女士右转 1/4 周，左脚前进，右肩并肩位。

（7）男士左脚原地踏一步，后半拍准备右转；女士右脚原地踏一步，后半拍准备左转。

（8）男士右转 1/4 周，右脚横步；女士左转 1/4 周，左脚横步。

（9）男士左脚并右脚；女士右脚并左脚。

（10）男士右脚横步，直膝；女士左脚横步，直膝。

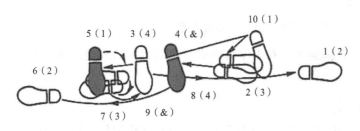

女士

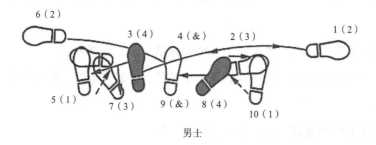

男士

图 5-1-5　恰恰舞纽约步舞步

5. 右陀螺转

右陀螺转由闭式舞姿开始，具体动作如下：

（1）男士右脚掌踏在左脚后，脚尖向外，左脚掌向右转；女士左脚掌横步向右转。

（2）男士左脚横步，继续右转；女士右脚在左脚前交叉，继续右转。

（3）男士动作同第二步动作，继续右转；女士同第二步的动作，继续右转。

（4）男士同第三步的动作，继续右转；女士同第三步的动作，继续右转。

（5）男士右脚横步，右转一周完毕；女士动作同第二步动作，右转一周完毕。

6. 点转

点转过程中，男女士应协调配合，同时转。具体动作如下：

（1）男士右脚进左脚前交叉，脚跟离地，双脚掌为轴左转，转时重心偏向右脚，右肩引导；女士左脚进右脚前交叉，脚跟离地，双脚掌为轴右转，重心偏向左脚，注意视点转换。

（2）男士继续左转，重心在左脚；女士继续右转，重心在右脚。

（3）男士左转一周完成与女士相对，右脚横步；女士右转一周完成与男士相对，左脚横步。

（4）男士左脚并右脚；女士右脚并左脚。

（5）男士右脚横步；女士左脚横步，腿部超伸后放松形成一个自然的胯部动作。

7. 闭式扭胯转

恰恰舞的闭式扭胯转由闭式舞姿开始，结束于扇形位，具体动作如下：

（1）男士左脚向旁稍前打开成分展式；女士右脚后退，左脚掌为轴右转1/2周。

（2）男士右脚原地踏一步；女士左脚原地踏一步，准备左转。

（3）男士左脚并右脚；女士左脚掌为轴扭胯，左转1/4周，右脚向男士外侧前进一小步。

（4）男士右脚原地踏一步；女士左脚并右脚。

（5）男士左脚横步，略前，左转1/8周；女士扭胯右转1/8周，右脚横步略前。

（6）男士右脚后退，带女士转身；女士左脚前进，左转1/8周。

（7）男士左脚原地踏一步，左转1/8周；女士右脚横步稍后，继续转1/4周。

（8）男士右脚横步；女士左转 1/4 周，左脚后退。

（9）男士左脚并右脚；女士右脚向后退，在左脚前交叉。

（10）男士右脚横步稍前，打开成扇形步；女士左脚横步稍前，打开成扇形步，从第七步至第十步共转 3/8 周。

三、牛仔舞教学指导

（一）牛仔舞理论知识教学

1. 牛仔舞的起源与发展

牛仔舞，又称为捷舞，起源于美国，是由吉特巴发展而成。吉特巴原是美国西部牛仔跳的一种踢踏舞，在 20 世纪 20 年代极为盛行，第二次世界大战期间，美国士兵将吉特巴带到了英国，受战争的影响，人们及时行乐的情绪高涨，牛仔舞在英国得到了发展，改变了英国的社交舞结构，并确立了其在社交舞中的重要地位。

1944 年，伦敦舞蹈教师维克多·西尔维斯特在欧洲出版了一本介绍牛仔舞的书，这是关于牛仔舞的最早的文字记载。

由吉特巴发展而来，但删除了吉特巴所有的难度动作，增加了许多舞蹈技巧。20 世纪 50 年代爵士乐的流行，促进了牛仔舞的进一步完善。

2. 牛仔舞的风格与特点

牛仔舞热情欢快，舞步敏捷、舞姿轻松、舞态风趣，节奏快、耗体力是牛仔舞最大的特点。

牛仔舞的音乐节拍为 4/4 拍，速度为每分钟 43 小节左右。音乐欢快、活泼、轻盈，同时在风格上保留了牛仔刚健、浪漫、豪爽的特点。

（二）牛仔舞技术动作教学

1. 右向左换位

右向左换位从基本握持舞姿开始，舞步动作（图 5-1-6）如下：

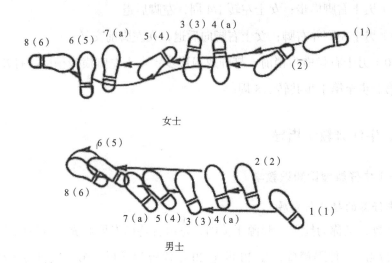

图 5-1-6　牛仔舞右向左换位

（1）动作同倒步摇摆的第一至第三步。

（2）动作同倒步摇摆的第四步。

（3）男士左脚斜前进，左臂上抬带女士转身；女士左脚横步准备向右做臂下转。

（4）男士右脚向左半并步，引导女士继续转；女士右脚向左脚半并步，快速右转。

（5）男士右脚向右小横步；女士左脚横步稍前，右转完毕时已到男士的左面位置。

2. 左向右换位

左向右换位的完整舞步（图 5-1-7）如下：

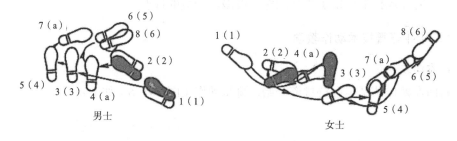

图 5-1-7　牛仔舞左向右换位

（1）男士左脚后退；女士右脚后退。

（2）男士右脚原地踏一步；女士左脚原地踏一步。

（3）男士左脚掌横踏，左手抬起准备带女士转身；女士右脚前进准备左转。

（4）男士右脚向左脚半并步，带女士左转；女士左脚向右脚半并步，准备左转。

（5）男士左脚横步；女士以右脚为轴，后半拍时快速向左转身，与男士相对。

（6）男士右脚前进；女士左脚后退。

（7）男士左脚向右脚半并步；女士右脚向左脚半并步。

（8）男士右脚前进；女士左脚后退。

3.连步摇摆

连步摇摆是从开式舞姿到闭式舞姿的连接步（图5-1-8），具体动作如下：

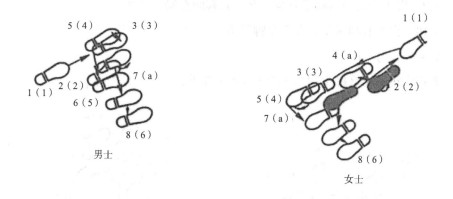

图5-1-8　牛仔舞连步摇摆

（1）男士左脚后退；女士右脚后退。

（2）男士右脚原地踏一步；女士左脚原地踏一步。

（3）前进，女右脚前进。

（4）男士右脚向左脚半并步；女士左脚向右脚半并步。

（5）男士左脚前进；女士右脚前进，都成闭式舞姿。

（6）男士右脚横步；女士左脚横步。

（7）男士左脚向右脚半并步；女士右脚向左脚半并步。

（8）男士右脚横步；女士左脚横步。

4.连步绕转

连步绕转也是由开式舞姿到闭式舞姿的一个连接步，伴有绕转动作，具体动作如下：

（1）男士左脚后退；女士右脚后退。

（2）男士右脚原地踏一步；女士左脚原地踏一步。

（3）男士左脚进一小步；女士右脚进一小步。

（4）男士右脚向左脚半并步；女士左脚向旁小横步。

（5）男士左脚斜前进；女士右脚向男士双脚间前进，两人合成闭式舞姿。

（6）男士右脚掌交叉踏在左脚后；女士左脚向男士右侧前进。

（7）男士左脚横步；女士右脚向男士双脚间前进。

（8）男士右脚小横步；女士左脚横步。

（9）男士左脚向右脚半并步；女士右脚向左脚半并步。

（10）男士右脚横步；女士左脚横步。

5.美式疾转

美式疾转的完整舞步动作（图5-1-9）如下：

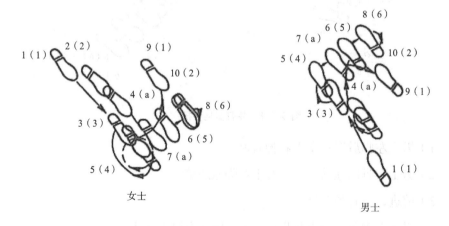

图5-1-9　牛仔舞美式疾转舞步

（1）男士左脚后退；女士右脚后退。

（2）男士右脚原地踏一步；女士左脚原地踏一步。

（3）男士左脚进一小步；女士右脚前进。

（4）男士右脚向左脚半并步；女士左脚向右脚后退一小步。

（5）男士左脚前进，右手腕推女士手，使其在后半拍时旋转；女士右脚前进，脚掌为轴，在后半拍时快速右转 1/2 周。

（6）男士右脚小横步；女士左脚横步，继续右转 1/2 周。

（7）男士左脚向右脚半并步；女士右脚向左脚半并步。

（8）男士右脚横步；女士左脚横步。

第二节　摩登舞教学指导

摩登舞主要包括华尔兹、维也纳华尔兹、探戈、狐步舞和快步舞五种项目。相对于拉丁舞来说，学习摩登舞的人较少。出现这种情况的原因主要是摩登舞对舞者的要求较高，没有一定的舞蹈基础，初学时有点困难。这也正是摩登舞的一个显著特点，在摩登舞的整个舞蹈过程中，要有一定的"贴身"动作，也正是通过这种"贴身"去传递舞蹈信息，引导舞伴完成舞蹈动作的。摩登舞要求舞者将"两个人四条腿"，演变成"一个人两条腿"的整体去舞蹈，"贴身"是最为关键的。

在摩登舞练习中，在整个舞蹈过程中保持"贴身"，难度是相当大的，是要求舞者做到身体其他一连串部位的规范要求的配合，即从头到脚、手架、出步、舞伴之间姿势和体位等，各部位都必须做足功夫，以及处理好自己的重心和舞伴之间在舞蹈演绎过程中的共同重心，才能做到"贴身"。而只有保持这种"贴身"，才能传递舞蹈信息给舞伴，引导舞伴完成舞蹈动作。

习舞者在学习摩登舞时必须做到"贴身"，否则就会出现一系列问题，如舞伴之间经常出现对抗力，舞伴之间动作不协调，动作没有美感等。实际上，有很多摩登舞者都知道这种"贴身"的重要性，但由于没有规范的学习和训练，或没有资质较好的老师指导，在学习的过程中，虽然也注意了"贴身"，但仍然跳得很不自然，出现身体走位的情况，这与其未能掌握好摩登舞的基本要领有关。因此，习舞者在学习的过程中一定要做好"贴身"，掌握好摩登舞的具体要求，使自己和舞伴能做到动作的协调和收放自如。在练习的过程中，要齐头并进地训练基础动作，不要只注重这部分而忽视另一部分要求，要注意综合基础的全面提升，只有这样才能学好摩登舞，提高自己的摩登舞水平。

一、华尔兹教学指导

（一）华尔兹基本知识

1. 华尔兹的起源与发展

意大利是华尔兹的起源地。12 世纪，在奥地利维也纳北部的阿尔卑斯地区，德国南部巴伐利亚地区，有一种民间舞蹈深受当地农民的喜爱，这种舞蹈是由打谷场上的踢腿动作演变而来的，这就是华尔兹的雏形。

到了 14 世纪，在奥地利、德国等国家比较流行的兰特勒舞中便已经出现了华尔兹的代表性动作，这种舞蹈的基本姿态是男士将双手扶住女士的腰部，女士则将双手放在男士的肩膀上，按照逆时针的方向进行旋转，其中包含了现代舞中的一些典型动作，如滑步、中速旋转等。

华尔兹自 17 世纪末期开始便进入了一个不断发展却又不断动荡的阶段。维也纳将华尔兹列为宫廷舞，在法国，华尔兹被赋予了自由、平等的新寓意，从而备受追求自由者的推崇。到了 18 世纪，华尔兹在各个欧洲国家越来越流行，华尔兹的出现为各个不同阶层的人们带来了快乐，同时也受到了很多反对者的无情鞭挞，有很多社会名流对华尔兹发出了大声的斥责。华尔兹虽然经受了如此多的谩骂和挫折，但它的生命力并没有被摧毁，相反，它的艺术根基在很多人心中越扎越牢，其向上的动力大有越挫越勇之势。

18 世纪末期，华尔兹开始在一般性的社交舞会上出现，并逐渐成了英国舞厅中的主角，受到各个不同阶层人士的喜爱和欢迎。

19 世纪末，华尔兹被传到了华盛顿，华尔兹舞步也被改成了一步一顿的两步舞，又被称为"两步华尔兹""波士顿华尔兹"。到了 20 世纪 20 年代，针对华尔兹的步法、身法和节拍，英国皇家舞蹈教师协会进行了整理和规范，并制定了统一的标准。

2. 华尔兹的风格与特点

华尔兹舞曲的节奏为 3/4 节拍，每分钟 20—30 小节，并且每一个小节有三拍，第一拍为重拍，三步起伏循环。华尔兹舞的动作潇洒自如、典雅大方，如流水般顺畅，像云霞般充满光辉，波浪起伏接连不断地潇洒旋转，享有"舞中皇后"的美称。

（二）华尔兹的技术动作教学

1. 华尔兹的抱握姿势

（1）闭式舞姿

①男士握姿。

A. 直立，沉肩，立腰，两脚并拢，松膝。

B. 左手与女士右手掌相对互握，虎口向上，前臂与上臂的夹角约130°，高度置于男士眼左侧方向的延长线上。

C. 右手五指并拢，置于女士左肩胛骨下端，右前臂与女士的左前臂轻轻接触。

D. 头部自然挺直，目光从女士的右耳方向看出。身体向女士右侧移约半个身位，右髋部与女士右髋部贴靠。

②女士握姿。

A. 直立，沉肩，立腰，两脚并拢，松膝，上体稍后屈25°。

B. 右手与男士左手相对互握。

C. 左手放置于男士右肩三角肌线处。

D. 头部略向左倾斜，目光从男士右耳向前看。

E. 身体稍向男士右侧移约半个身位。

（2）开式舞姿

在闭式舞姿的基础上，男、女士的上身均向外闪开大半部分，面向前方，目光通过相握的手，但男士右髋部与女士右髋部的动作同闭式舞姿一样，仍轻轻接触。

2. 基本舞步

（1）前直步

预备姿势：松膝降重心，右腿支撑，左腿前出。

①右脚推撑地面，将重心移至左脚经脚跟过渡全掌成支撑，此时重心处于最低点，右腿前出。

②左脚推撑地面，将重心移至右脚前脚掌成支撑，后半拍中心开始上升。

③右腿撑伸将左脚拉移靠并右腿，前 3/4 拍重心升至最高点，后 1/4 拍松膝降重心。

（2）后直步

预备姿势：松膝降重心，右腿支撑，左腿后出。

①右脚推撑地面，将重心移至左腿经脚前掌过渡全掌成支撑，此时重心处于最低点，右腿后出。

②左脚推撑地面，将重心移至右腿脚前掌成支撑，后半拍重心开始上升。

③右腿撑伸将左腿拉移靠并右腿，前 3/4 拍重心升至最高点，后 1/4 拍松膝降重心。

（3）左转步

①男士左脚前进，开始左转；女士右脚后退，开始左转。

②男士经右脚横步，1—2—步转 1/4 周；女士左脚经右脚横步，1—2 步转 3/8 周，身体稍转。

③男士左脚并于右脚，2—3 步转 1/8 周；女士右脚并于左脚，身体完成转动。

④男士右脚后退 4—5 步转 3/8 周；女士左脚前进，继续左转。

⑤男士左脚经右脚横步，身体稍转；女士右脚经左脚横步，4—5 步转 1/4 周。

⑥男士右脚并左脚，身体完成转动；女士左脚并右脚，5—6 步转 1/8 周。

（4）右转步

①男士右脚前进，开始右转；女士左脚后退，开始右转。

②男士左脚经右脚横步，1—2 步转 1/4 周；女士右脚经左脚横步，1—2 步转 3/8 周，身体稍转。

③男士右脚并左脚，2—3 步转 1/8 周；女士左脚并右脚，身体完成稍转。

④男士左脚后退，4—5 步转 3/8 周；女士右脚前进，继续右转。

⑤男士右脚经左脚横步，身体稍转；女士左脚经右脚横步稍前，4—5 步转 1/4 周。

⑥男士左脚并右脚；女士右脚并左脚，5—6 步转 1/8 周。

（5）叉形步

叉形步 1 小节 3 步，男生不转体，女生 1/4 步向右转体形成侧行位置，开始舞姿（图 5-2-1）如下：

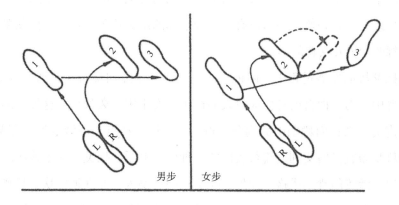

图 5-2-1　交叉步

①男士左脚前进，低位运行；女士右脚后退，低位运行，开始左转。

②男士右脚横移，到位后重心完全升起；女士左脚横移，右转 1/4 周。

③男士高位运行，左脚交叉于右脚后；女士右脚在侧行位置交叉于左脚后，身体完成转动。

（6）扫步

①男士左脚前进，着地时先脚跟后脚掌（跟掌）；女士右脚后退，着地时先脚掌后脚跟（掌跟）。

②男士右脚横步稍前，着地时用脚掌（全掌）；女士左脚斜后退，着地时用脚掌。

③男士左脚在右脚后交叉，着地时先脚掌后脚跟，结束时成开式舞姿；女士右脚应在左脚后交叉，着地时先脚跟后脚掌，结束时成开式舞姿。

二、探戈教学指导

（一）探戈基本知识

1.探戈的起源与发展

"探戈"一词源于西班牙，探戈舞则发源于非洲中西部地区，北非地区的吉卜赛人将充满野性和动感的早期探戈舞蹈形式带到了欧洲的西班牙，形成了民间女子独自演绎的弗拉门戈舞。到 16 世纪末期，这种舞蹈被带到了美洲地区。探戈舞在阿根廷获得了很大的发展，当地人将民间舞蹈中的众多元素融进了探戈舞中，使舞蹈的形式和舞曲的风格有了十分浓郁的南美特色，在这里探戈舞由原来的单人舞改为男女共舞的形式。

在探戈舞的发展过程中，阿根廷的牧人舞和米隆加舞对其起到了重要作用。在牧人舞中，男士把自己打扮成牧人的样子，女士则一袭长裙，这种舞蹈展现了迷人的南美风情；而舞蹈中的刚劲、粗犷、豪迈等特点，被借鉴到了探戈舞中。米隆加舞是布宜诺斯艾利斯流行较广的一种民俗舞蹈，探戈吸收了该舞蹈中的诙谐、轻快、活泼的舞蹈风格。此外，探戈舞中还融入了非洲地区坎乐贝舞、西班牙方丹戈舞的某些元素，这些民族舞使探戈舞更加具有了质朴、纯真的艺术魅力。而古巴早期的哈巴涅拉舞则是起源于哈瓦那的西班牙舞，其奇异的音乐节奏和富于变化的旋律，对于探戈舞曲风格的形成，也起到了决定性的作用。

19 世纪后期，探戈舞逐渐在意大利许多简陋的酒吧间流行开来，一些意大利移民的后裔和当地土著人以及西班牙人常常在此跳探戈舞。

探戈舞因其粗犷、性感，具有原始野性，曾受到过非议。探戈舞在欧洲各国盛行之时，同样被很多人认为是粗俗、低级之物，曾遭到教会、皇族以及上层社会的严厉抵制。甚至有一些较具影响力的教会，要求在整个欧洲范围内禁止探戈舞的出现。但这些并不能遏制探戈舞的发展，探戈舞展现出了顽强的生命力。随着它的不断发展和完善，探戈舞中的一些消极的内容被去除，日渐展现出高雅的气质和贵族风范，它舞步精巧、别致，舞姿大方优雅，并融入了许多创新性的步法和技法，逐渐成为社交场上的新宠。19 世纪末到 20 世纪初，探戈舞以新的姿态出现在西班牙的社交场上，并形成了西班牙探戈。这时候，西班牙探戈的舞步和动作更加显现出大气、豪迈的特色。伴奏中采用的哈巴涅拉舞曲音乐，节奏更加激昂、铿锵，音乐和舞蹈中多了停顿，更加给人多变之感。之后西班牙探戈舞传到了法国首都巴黎，走进了高雅的咖啡厅，很受人们的青睐，它甚至作为一种艺术形式被搬上了演出的舞台，并得到了快速传播。与此同时，探戈舞出现了很多种流派，不同流派间的技法、步法不尽相同，于是英国皇家舞蹈教师标会对各种流派的探戈舞进行了收集、整理、加工，使技法和步法更加规范化和统一化，并把探戈舞列为皇家早期交际舞之一。这些做法标志着探戈舞得到了统治阶层的认可和接受，并在欧洲贵族阶层风靡一时，成为正规场合社交舞会上经常演绎的舞蹈。

在 20 世纪初，探戈舞传入北美洲，自此它的影响力开始波及整个世界。第一次世界大战结束后，探戈舞进入成熟并稳定发展的时期，在之后的 10 年间，探戈舞逐渐走向辉煌，许多探戈舞者开始在世界范围内大显身手。

2. 探戈的风格与特点

探戈舞的舞曲为 2/4 拍子，速度为每分钟 30—34 小节。其音乐的特点主要是以分音为主，并带有停顿和附点。探戈舞的舞步分为快步（Q）和慢步（S），并且快步占半拍，慢步占一拍。探戈舞的运步非常独特，被人们形象地称为"蟹行猫步"。在跳探戈舞时，要保持膝部放松、微屈，舞步要平稳，运步的路线成弧线，没有华尔兹舞中明显的升降。

（二）探戈的技术动作教学

1. 二常步

二常步有两步，节奏为 S、S。

（1）男士左脚前进，跟掌；女士右脚后退，掌跟。

（2）男士右脚前进，右肩引导，跟掌，左转 1/8 周；女士左脚后退肩引导，掌跟，左转 1/8 周。

2. 四快步

四快步有四步，节奏为 Q、Q、Q、Q。

（1）男士左脚前进，跟掌；女士右脚后退，掌跟。

（2）男士右脚横步稍后，掌跟，1—2 步左转 1/8 周；女士左脚横步稍前，全脚，1—2 步左转 1/8 周。

（3）男士左脚后退，掌跟；女士右脚外侧前进，跟掌。

（4）男士右脚后退并于左脚，全脚，3—4 步右转 1/8 周；女士左脚前进并于右脚，重心在左脚，全脚，3—4 步之间右转 1/8 周。

3. 行进旁步

行进旁步有三步，节奏为 Q、Q、S。

（1）男士左脚前进，跟掌；女士右脚后退，掌跟。

（2）男士右脚横步，右肩引导，跟掌；女士左脚后退，右肩引导，掌跟。

（3）男士左脚前进，跟掌；女士右脚后退，掌跟。

4. 侧行右转

侧行右转有四步，节奏为 S、Q、Q、S。

（1）男士左脚横步侧行，跟掌；女士右脚在侧行位置下横步，跟掌。

（2）男士右脚在侧行位置及反身位置交叉前进，跟掌；女士左脚在侧行位置及反身位置下交叉前进，跟掌。

（3）男士左脚横步稍前，掌跟，右转 3/8 周；女士右脚前进，跟掌，右转 1/8 周。

（4）男士右脚前进，跟掌，右转 1/4 周；女士左脚横步，掌跟，右转 1/4 周。

5. 左脚摇步

左脚摇步有三步，节奏为 Q、Q、S。

（1）男士重心转移左脚，掌跟；女士重心转移右脚，跟掌。

（2）男士重心转移右脚，跟掌；女士重心转移左脚，掌跟。

（3）男士左脚后退，掌跟；女士右脚前进，跟掌。

6. 右摇转步

右摇转步有三步，节奏为 Q、Q、S。

（1）男士右脚前进，右肩引导，跟掌；女士左脚后退，右肩引导，掌跟。

（2）男士左脚向侧并稍后，掌跟；女士右脚前进，稍向右侧，跟掌。

（3）男士重心回立右脚，右肩引导，跟掌，1—3 步之间右转 1/4 周；女士左脚后退，稍向右侧，左引导，掌跟，1—3 步之间右转 1/4 周。

7. 开式左转步

开式左转步有六步，节奏为 Q、Q、S、Q、Q、S。

（1）男士左脚前进，跟掌转，左转 1/8 周；女士右脚后退，掌转，左转 1/8 周。

（2）男士右脚横步，掌跟，左转 1/8 周；女士左脚横步稍前，掌跟，左转 1/8 周。

（3）男士左脚后退，掌跟，左转 1/8 周；女士右脚外侧前进，跟掌，左转

1/8 周。

（4）男士右脚后退，掌跟，左转 1/8 周；女士左脚前进，跟掌，左转 1/8 周。

（5）男士左脚横步稍前，脚内侧，左转 1/8 周；女士右脚横步稍后，脚内侧，左转 1/8 周。

（6）男士右脚并于左脚，全脚，左转 1/8 周；女士左脚并于右脚，全脚，左转 1/8 周。

三、狐步舞教学指导

（一）狐步舞基本知识

1. 狐步舞的起源与发展

狐步舞又称为"狐走舞"，是一种模仿狐狸走路姿势的舞步。狐步舞有慢狐步和快狐步之分，其中快狐步舞慢慢发展成为快步舞，而现在人们通常提到的狐步舞均指慢狐步舞。

狐步舞是由美国人哈利·福克斯创作的一种特色舞蹈。1913 年，作为美国齐格菲尔德歌舞团喜剧歌舞明星的哈利福克斯，在纽约电影院的屋顶花园表演了一种融入了自己设计思想、幽默风趣的舞蹈，这种舞蹈是哈利福克斯从狐狸跑步的活泼姿态中得到的创作灵感，并融合了西迷舞中的某些元素，很具有特色。同时，他把富于浓郁爵士风格的拉格泰姆舞曲作为舞蹈的伴奏音乐。这种舞蹈将跑、跳等动作与舞步融在一起，舞蹈中既有轻快的节奏又有轻柔的韵律。后来这种舞蹈在演出时，获得了意想不到的成功，人们将这种舞蹈形象地称为狐步舞。在英文中，福克斯也是狐狸的意思，因此人们常把狐步舞直接称为福克斯，以此表达对哈利·福克斯的纪念。

在英国，著名舞蹈家瑟芬·宾利将狐步舞与英国舞蹈的风格融合在了一起，使其成为一种英式舞蹈。在 1914 年年初召开的英国舞蹈教师大会上，狐步舞成为有一定影响力的舞厅舞，舞蹈教师把它作为教授课程的新宠。在 20 世纪 30 年代，英国皇家舞蹈教师协会对狐步舞的舞蹈技法做了进一步整理和规范，并把它作为国际标准交际舞中的一员，成为运动舞蹈中的一个重要组成部分。

20 世纪 30 年代，狐步舞传入我国。按照我国习惯的称谓，将布鲁斯称为"慢四步"，快步舞称为"快四步"，而狐步舞因其节奏适中，因此被通俗地称为"中四步"。

自然流畅的狐步舞，对于其他舞种的发展也产生了相当大的影响，还有些舞蹈本身就是从狐步舞中演变和分化出来的。比如 20 世纪 20 年代产生于美国的吉特巴舞，其舞蹈步法中就有狐步舞和黑人爵士乐舞的成分。

2. 狐步舞的风格与特点

狐步舞轻快活泼，有着非常丰富的动感和表现力，舞步轻柔、圆滑、流畅、流动性较强。狐步舞的舞曲为 4/4 拍，重拍在 1 拍和 3 拍（1 拍强烈些）。其音乐速度为每分钟 28—30 小节，动作节奏为 S、S、Q、Q，一个 S 等于两拍，一个 Q 等于一拍。

（二）狐步舞的技术动作教学

1. 羽步

预备姿势：闭式位（男士面向斜中央，女士背向斜中央）。

（1）男士面向斜中央，右脚向前；女士背向斜中央，左脚后退。

（2）男士左脚向前左肩引导，准备到舞伴外侧，不转；女士右脚向后右肩引导，不转。

（3）男士右脚向前成 CBMP（类似反身动作）到舞伴外侧，方位不变；女士左脚向后成 CBMP，方位不变。

2. 左转步

预备姿势：闭式位（男士面向斜中央，女士背向斜中央）。

（1）男士面向斜中央，左脚向前，开始转向左，有反身动作；女士背向斜中央，右脚向后，开始转向左，有反身动作。

（2）男士右脚向侧，1—2 步间左转 1/4 周，背向斜壁；女士左脚并向右脚（跟转），1、2 步间左转 3/8 周，面向舞程线。

（3）男士左脚向后，2—3 步间左转 1/8 周，背向舞程线；女士右脚向前，不转。

（4）男士右脚向后，方位不变，继续转向左；女士左脚向前，方位不变，继续转向左。

（5）男士左脚向侧稍向前，4—5 步间左转 3/8 周，指向斜墙，身体转少些；女士右脚向侧，4—5 步间左转 1/4 周，背向墙，身体转少些。

（6）男士右脚向前成 CBMP 到舞伴外侧，不转动，结束于面向斜墙；女士左脚向后成 CBMP，5—6 步间左转 1/8 周，结束于背向斜墙。

3. 三步

预备姿势：闭式位（男士面向斜墙，女士背向斜墙）。

（1）男士面向斜墙壁，左脚向前，有反身动作；女士背向斜墙壁，右脚后退，有反身动作。

（2）男士右脚向前；女士左脚向后。

（3）男士左脚向前；女士右脚向后。

4. 右转步

预备姿势：闭式位（男士面向斜墙，女士背向斜墙）。

（1）男士面向斜墙壁，右脚向前，开始转向右，有反身动作；女士背向斜墙，左脚向后，开始转向右，有反身动作。

（2）男士左脚向侧，1—2 步间右转 1/4 周，背向斜中央；女士右脚并向左脚，1—2 步间右转 3/8 周，面向舞程线。

（3）男右脚向后，2—3 步间右转 1/8 周，背向舞程线；女士左脚向前，不转。

（4）男士左脚向后，方位不变，继续转向右，有反身动作；女士右脚向前，方位不变，继续转向右，有反身动作。

（5）男士右脚向侧小步（跟拖），4—5 步间右转 3/8 周，面向斜中央；女士左脚向侧，右脚刷向左脚，4—5 步间右转 3/8 周，背向斜中央。

（6）男士左脚向前，不转动，方位不变，有反身动作；女士右脚刷步经过左脚向后，不转动，方位不变，有反身动作。

5. 换向步

预备姿势：闭式位（男士面向斜墙，女士背向斜墙）。

（1）男士面向斜墙，左脚向前，开始转向左，有反身动作；女士背向斜墙壁，右脚向后，开始转向左，有反身动作。

（2）男士右脚斜向前右肩引导，左脚并向右脚稍向前不支撑，1—2 步间左转 1/4 周，结束时面向斜中央；女士左脚斜向后左肩引导，右脚并向左脚稍向后不支撑，1—2 步间左转 1/4 周，结束时背向斜中央。

（3）男士左脚向前成 CBMP，不转；女士右脚向后成 CBMP，不转。

6. 右扭转步

预备姿势：闭式位（男士面向斜墙，女士背向斜墙）。

（1）男士面向斜墙壁，右脚前进，开始向右转；女士背向斜墙壁，左脚后退，开始向右转。

（2）男士左脚向侧，1—2 步间右转 1/4 周，背向斜中央；女士右脚并左脚（脚跟运转），1—2 步间右转 3/8 周，面向舞程线。

（3）男士右脚交叉于左脚后面，2—3 步间右转 1/8 周，背向舞程线；女士左脚前进左肩引导，向舞伴外侧移动，几乎面向斜墙，继续转动。

（4）男士双脚扭转结束时右脚小步向侧，侧向拉步，4—5 步间右转 1/2 周，结束在面向舞程线位置；女士在反身动作位置外侧舞伴中右脚前进，2—4 步间右转 1/8 周，面向斜墙，左脚向侧右脚刷步，4—5 步间右转 3/8 周，背向舞程线。

（5）男士左脚向侧并稍前进，5—6 步间左转 1/8 周，指向斜中央；女士右脚向侧，方位不变，身体稍向左转。

（6）男士在反身动作位置外侧位置中右脚前进，身体不转动，面向斜中央结束；女士在反身动作位置外侧位置中左脚后退，6—7 步间左转 1/8 周，结束在背向斜中央位置。

7. 迂回步

预备姿势：闭式位（男士逆舞程线面向斜中央，女士背向舞程线之斜中央）。

（1）男士面向斜中央，左脚前进，开始向左转；女士背向舞程线之斜中央，右脚后退，开始向左转。

（2）男士右脚向侧，1—2 步间左转 1/8 周，背向舞程线；女士左脚向侧，1—2 步间左转 1/4 周，指向斜中央。

（3）男士在反身位置中左脚后退，2—3 步间左转 1/8 周，背向斜中央；女士在反身位置中右脚前进，方位不变，不转动。

（4）男士右脚后退，方位不变，继续左转；女士左脚前进，方位不变，继续左转。

（5）男士左脚向侧并稍前进，4—6步间左转1/4周，指向斜墙；女士右脚向侧，4—5步间左转1/8周，背向斜墙。

（6）男士在反身动作与外侧舞伴位置中右脚前进，不转动；女士在反身动作位置中左脚后退，5—6步间左转1/8周，身体稍转，背向斜墙。

四、快步舞教学指导

（一）快步舞基本知识

1. 快步舞的起源与发展

据相关资料记载，早在1825年捷克有一种民族舞蹈——波尔卡，后来经过传播进入到了法国巴黎，著名的舞蹈家采拉利乌斯把它带进沙龙，1840年开始向公众展示，到了1844年便已经风靡，其在欧洲舞坛上可以与华尔兹相媲美。在发展过程中，由于快步舞吸收了狐步舞的动作，并融合了芭蕾中的小动作，这就使得快步舞的舞蹈动作更加轻快灵巧。

2. 快步舞的风格与特点

快步舞的舞曲节奏为4/4拍，每分钟50—52小节，每小节四拍，第一拍为重拍，第三拍为次重拍。其舞步分为快步和慢步。快步的时值为一拍，用Q表示；慢步用S表示，时值为二拍。基本节奏是慢慢快快（SSQQ）、慢快快慢（SQQS），风格特点是轻快活泼，富于激情，舞步洒脱自由，饱含动力感和表现力。快步舞与华尔兹采用相同的抱握姿势。在跳快步舞时，要掌握好基本的动作和身体感觉，特别是保持膝部放松，身体重心的移动通过踝关节的力量进行控制。跳跃步时，只需足尖刚刚离开地面即可，不需要跳离地面太高。在同舞伴相互配合时，不能一上一下，否则既会对身体重心的移动造成影响，也容易使配合出现失误。

（二）快步舞的技术动作教学

1. 走步

从静止姿势开始，始终感觉身体的移动应比脚早一点。在整个走步动作过程中双膝应自然松弛，腿只在处于最大步幅时才是直的，即使此时膝盖也并非僵直。在动力脚越过主力脚的瞬间，两膝应是最松弛的。足踝和脚背要保持松弛，如果双脚踝僵硬而无弹性，步子就迈不大。双脚保持正直，两脚每次交替运行时两足内侧（从脚尖到脚跟）几乎是紧挨着相擦而过。女士容易犯的毛病是左脚后迈时不是正直向后，而是稍偏向左，这会造成把部分重心移到男士的右臂，给人以明显的沉重感。

2. 四分之一转

"四分之一转"属于行进中舞步型。它是快步舞中最重要的基本舞步，主要包括"滑步转"。向右1/4周转，接向左的简易转，即"脚跟轴转"。

"四分之一转"男伴一般开始和结束于面对墙成对角。女伴和男伴位置正好相反。

（1）男士右脚要向前，与墙成对角，向右转身；女士左脚要向后，与墙成对角，向右转身。

（2）男士左脚沿舞程线向旁迈出，身体面对墙；女士右脚沿舞程线向旁迈出，身体背对墙。

（3）男士继续旋转，右脚并上左脚；女士左脚要并上右脚，面对中间成角度。

（4）男士左脚向旁并稍微向后迈出，身体背对墙成对角；女士右脚成角度向前迈出。

（5）男士右脚向后，与中间成对角，身体转向左；女士左脚要向前，与中间成对角，身体转向左面。

（6）男士左脚靠向右脚，两脚跟并拢，左脚尖与墙成对角；女士右脚向旁迈出，身体背对墙。

（7）男士左脚掌稍加压力，依靠右脚跟的转动使右脚向左脚并拢成平行位置；女士继续旋转，左脚并向右脚。

（8）男士左脚要向前，与墙成对角；女士右脚要向后，与墙成对角。

3. 行进滑步

行进滑步是快步舞中最具魅力的动作之一，常被用来修饰"四分之一转"。当男伴想在"四分之一转"之后连接一个顺转舞步型，就常常用这个舞步来过渡；

如果想在"四分之一转"后接一个反向舞步型，必须用它来结束"四分之一转"的动势。在开始时，男伴要面对墙成对角，女伴背对墙成对角的位置。舞步1—4做"四分之一转"，速度顺序为慢、快、快、慢。结束在与中间成对角。然后连接以下动作：

（1）男士右脚要向后，与中间成对角，向左转身；女士左脚要向前，与中间成对角，向左转身。

（2）男士左脚沿舞程线向旁迈出，身体面对墙；女士右脚沿舞程线向旁迈出，身体面对中间。

（3）男士右脚并上左脚；女士左脚并上右脚。

（4）男士左脚向旁并稍微向前迈出；女士右脚向旁，稍微向后迈出。

（5）男士右脚向前，向外于舞伴，与墙成对角；女士左脚向后，舞伴向外与墙成对角。

4. 顺转

顺转是处在角落时最有用的舞步型，包括"滑步转"和一种称为"曳步"的跟转以及"擦步"。在开始时，男伴面对舞程线或面对墙成对角。女伴与男伴相反位。

（1）男士右脚要向前，向右转身；女士左脚要向后，向右转身。

（2）男士左脚要向旁迈出，跨越舞程线；女士右脚要向旁迈出，跨越舞程线。

（3）男士继续左脚掌上的旋转，右脚并上左脚；女士左脚要并上右脚。

（4）男士左脚要向后，沿舞程线向下迈出，身体转向右；女士右脚向前，沿舞程线向下迈出，身体转向右。

（5）男士向后牵拉右脚至左脚，同时再左脚跟上向右转身，舞步结束时把身体重心移至右脚；女士左脚要向旁迈出。

（6）男士左脚要向前；女士右脚擦左脚而过，然后向后迈出。

5. 滑步反转

滑步反转包括一个向前或向后的"滑步转"接"四分之一转"的最后4步。在开始时，男伴面对舞程线，或面对中间成对角，结束时面对墙成对角。女伴的位置与男伴相反。

（1）男士左脚要前迈，向左转身；女士右脚要后迈，向左转身。

（2）男士右脚向旁迈出，跨越舞程线；女士左脚向旁迈出，跨越舞程线。

（3）男士继续右脚掌上的旋转，左脚并上右脚；女士右脚并上左脚。

（4）男士右脚沿舞程线后迈，向左转身；女士左脚前迈，向左转身。

（5）男士左脚并下右脚，再右脚跟上向左转身；女士右脚沿同一舞程线迈出旁步。

（6）男士结束在面对墙成对角；女士左脚并上右脚，顺势旋转使后背与墙成对角。

（7）男士左脚要前迈，与墙成对角；女士右脚要后迈，与墙成对角。

参考文献

[1] 高艺轩.体育舞蹈对大学生身心健康及其综合素质的影响 [J].体育科技文献通报，2022，30（4）：187–196.

[2] 付佳，熊少波，袁寅尊，等.普通高校体育舞蹈教学方法研究进展知识图谱分析 [J].太原城市职业技术学院学报，2022（3）：92–95.

[3] 崔思梅，王刚.体能训练——体育舞蹈技能之突破点 [J].田径，2022（3）：20–22.

[4] 陈茜，张国瑞.音乐在体育舞蹈教学中的应用研究 [J].青少年体育，2022（2）：105–106.

[5] 刘子涵，蔡杰，姚林希.文化软实力视域下中国体育舞蹈竞赛新阶段面临的挑战与对策 [J].青少年体育，2022（2）：131–134.

[6] 潘峰.体育院校体育舞蹈专项技术课程体系的构建 [D].北京：北京体育大学，2013.

[7] 莫思梅.如何在体育舞蹈教育中提升艺术表现力 [J].四川戏剧，2021（11）：159–161.

[8] 丁琪.新规则视野下我国体育舞蹈发展策略研究 [D].昆明：云南师范大学，2021.

[9] 王啸，马鸿韬，梁瑜洁，等.体育舞蹈赛事文化内涵及建设路径 [J].体育文化导刊，2021（8）：74–79.

[10] 包蕊，林大为，崔敏，等.体育舞蹈中国化进程中的现实思考 [J].沈阳体育学院学报，2021，40（4）：138–144.

[11] 安辉.体育舞蹈艺术表演舞创编中融入"中国元素"的研究 [D].昆明：云南

师范大学，2021.

[12] 丰华.大学体育舞蹈课程对增进健康体适能影响的探讨 [J].湖北第二师范学院学报，2021，38（5）：70-74.

[13] 陈娟，柴颖.体育舞蹈审美教育实践研究 [J].四川戏剧，2021（1）：152-155.

[14] 陈灿，蒋远松，张清澍.跨学科视角下体育舞蹈技术理论研究 [J].广州体育学院学报，2020，40（6）：116-120.

[15] 刘德涛.高校体育舞蹈课发展现状与对策研究 [J].当代体育科技，2020，10（27）：144-147.

[16] 陈姜华.高校体育舞蹈教学创新发展研究 [J].教育理论与实践，2020，40（21）：62-64.

[17] 宋娟，吴瑛，吕和武，等.新时代体育舞蹈的本土化：价值、困境与出路 [J].西安体育学院学报，2020，37（4）：444-448.

[18] 李新愉.体育舞蹈运动技术特点及专项力量训练的研究分析 [J].当代体育科技，2020，10（7）：67-69.

[19] 卢愉，涂运玉.体育美学视域下体育舞蹈的美学特征分析 [J].体育世界（学术版），2020（2）：75-77.

[20] 荣展慧.功能性训练在体育舞蹈教学中的应用研究 [D].南昌：江西科技师范大学，2019.

[21] 万伶俐.体育舞蹈专项大学生身体自尊及整体自尊的研究 [D].武汉：武汉体育学院，2017.

[22] 韩璐.体育舞蹈竞赛特征的研究 [D].太原：山西大学，2016.

[23] 王净.体育舞蹈表演舞创编方法研究 [D].成都：成都体育学院，2016.

[24] 荆伟.体育舞蹈标准舞技术特征研究 [D].长沙：湖南师范大学，2016.

[25] 耿艳秀.体育舞蹈音乐特征及选编研究 [D].西安：西安体育学院，2015.

[26] 徐文龙.体育舞蹈双人表演舞创编研究 [D].成都：成都体育学院，2015.

[27] 闫爽爽.对体育舞蹈摩登舞专项选手身体素质训练的分析与研究 [D].北京：首都体育学院，2015.

[28] 何跃春，杜高山.体育舞蹈审美特征探析 [J].体育学刊，2015，22（1）：
58–61.

[29] 任飞翔.我国体育舞蹈赛事市场化运作模式研究 [D].西安：西安体育学院，
2014.

[30] 夏澍雯.体育舞蹈表演性音乐的编辑原则与方法 [D].武汉：武汉体育学院，
2014.